首都经济贸易大学会计学科·青年学者文库

本书获得国家自然科学基金（项目批准号：72302165）的资助

中国城市商业银行的金融资源配置研究

李天时 著

中国财经出版传媒集团
中国财政经济出版社
北京

图书在版编目（CIP）数据

中国城市商业银行的金融资源配置研究／李天时著
． ——北京：中国财政经济出版社，2024.2
（首都经济贸易大学会计学科·青年学者文库）
ISBN 978 – 7 – 5223 – 2682 – 5

Ⅰ.①中… Ⅱ.①李… Ⅲ.①商业银行 – 金融 – 资源配置 – 研究 – 中国　Ⅳ.①F832.33

中国国家版本馆 CIP 数据核字（2024）第 033646 号

责任编辑：马　真　　　　　责任校对：张　凡
封面设计：智点创意　　　　责任印制：史大鹏

中国城市商业银行的金融资源配置研究
ZHONGGUO CHENGSHI SHANGYE YINHANG DE
JINRONG ZIYUAN PEIZHI YANJIU

中国财政经济出版社 出版

URL：http://www.cfeph.cn
E – mail：cfeph@cfeph.cn

（版权所有　翻印必究）

社址：北京市海淀区阜成路甲 28 号　邮政编码：100142
营销中心电话：010 – 88191522
天猫网店：中国财政经济出版社旗舰店
网址：https://zgczjjcbs.tmall.com
中煤（北京）印务有限公司印刷　各地新华书店经销
成品尺寸：147mm×210mm　32 开　4.875 印张　125 000 字
2024 年 2 月第 1 版　2024 年 2 月北京第 1 次印刷
定价：22.00 元
ISBN 978 – 7 – 5223 – 2682 – 5
（图书出现印装问题，本社负责调换，电话：010 – 88190548）
本社质量投诉电话：010 – 88190744
打击盗版 举报热线：010 – 88191661　QQ：2242791300

　　商业银行在中国的金融资源配置中扮演着核心角色。改革开放前，中国人民银行同时扮演中央银行和商业银行的角色；改革开放后，大型商业银行、股份制商业银行相继组建。而近年来，定位于服务地方经济的城市商业银行逐渐发展成为银行业的重要组成部分，城市商业银行总资产占金融机构总资产比例从2003年年末的5.3%逐渐上升到2018年年末的12.80%。虽然总资产比例大幅度提高，但是城市商业银行在风险管控方面仍然与股份制商业银行和大型商业银行存在显著差异，因此，研究中国城市商业银行的金融资源配置是十分必要的，能够为政策的有效实施提供更具针对性的理论支持，并且为城市商业银行的未来发展提供建议。

　　现有文献已对"银行竞争""信贷成本""银行风险""银行监管"等方面进行了较为深入的探讨，这些研究提供了良好的理论基础和研究方法基础。但是，现有关于金融资源配置的研究仍然存在许多不一致的结论，这可能是因为从非金融企业角度和从银行角度出发进行研究具有差异，同时对不同类型的银行样本进行研究也具有差异。已有研究多以西方银行竞争理论和融资理论为理论基础，而中国的商业银行研究应该更加关注中国的制度环境和治理特色,尤其是针对亟待找到自身发展路径的城市商业银行的理论研究。2006年以后,城市商业银行的信息披露规则逐渐完善,数据可获得性的提高为研究基于中国情境的商业银行理论提供了非常好的机会。城市商业银行相比大型商业银行和股份制商业银行规模较小,因此可以缓解因商业银行作用于外部市场环境而导致的内生性问题。监管政策的变化提供了外生场景,也有利于缓解内生性问题。另外,利用城市商业银行的区域性经营特征构建面板数据还能在一定程度上缓解时间趋势问题。

在上述背景下,本书以中国的城市商业银行为研究样本,多角度分析了省级区域环境和内部治理结构对城市商业银行金融资源配置的影响。具体而言,本书从地方政府产业政策的角度分析了城市商业银行贷款行业配置的影响因素和风险后果,以及银行市场结构和内部治理结构发挥的调节作用。防范和化解金融风险是商业银行实现良好金融资源配置的重要任务,而拨备覆盖率衡量了商业银行的风险管理水平,因此本书进一步从跨区经营监管的角度分析了城市商业银行拨备覆盖的影响因素。随着银行业监管趋严,商业银行倾向于通过表外业务隐藏风险,影子银行业务增长迅速,银行系统性风险随之扩大。由于城市商业银行更倾向于开展影子银行业务,而内部治理中的薪酬激励能有效调节管理层的风险偏好,因此,本书最后从高管薪酬延期支付的角度分析了城市商业银行影子银行业务的影响因素。

深化金融供给侧结构性改革是近期中国金融行业的重要工作,其中,"发力金融服务实体经济""发力金融体系结构优化""发力金融风险防范"是改革的重要内容。作者认为,首先,银行业监管机构和地方政府应引导城市商业银行间的良性竞争,促进商业银行在立足于服务本地经济的前提下,参与外地银行市场的竞争,提高银行经营效率。其次,针对商业银行的各项核心监管指标,监管机构应进一步完善相关政策,合理对待不同发展水平的城市商业银行和处于不同发展地区的城市商业银行。最后,防范和化解金融风险还需要从金融市场主体——银行出发,从内部改善资源配置效率。有效提高城市商业银行的内部治理水平和风险管理体系,才能从根本上提高银行个体和银行业整体的金融资源配置效率。

第1章	引言	(1)
1.1	研究背景	(1)
1.2	研究意义	(6)
1.3	研究思路	(9)
1.4	结构安排	(11)
1.5	主要创新	(12)

第2章	文献综述	(14)
2.1	市场环境与金融资源配置	(14)
2.2	银行市场准入与金融资源配置	(21)
2.3	银行薪酬激励与金融资源配置	(24)
2.4	研究评述	(27)

第3章	地方政府产业政策、城市商业银行贷款行业配置与不良贷款率	(30)
3.1	引言	(30)
3.2	研究假设	(33)
3.3	研究设计	(35)
3.4	主要研究结果	(41)

3.5 进一步检验——不良贷款率 …………………（58）
3.6 本章小结 ……………………………………（64）

第4章 城市商业银行跨省经营申请与拨备覆盖率 ………（65）
4.1 引言 …………………………………………（65）
4.2 研究假设 ……………………………………（69）
4.3 研究设计 ……………………………………（73）
4.4 主要研究结果 ………………………………（81）
4.5 进一步检验 …………………………………（91）
4.6 本章小结 ……………………………………（95）

第5章 城市商业银行高管薪酬延期支付与影子银行业务
………………………………………………………（97）
5.1 引言 …………………………………………（97）
5.2 研究假设 ……………………………………（100）
5.3 研究设计 ……………………………………（102）
5.4 主要研究结果 ………………………………（109）
5.5 本章小结 ……………………………………（119）

第6章 研究结论与启示 …………………………………（121）
6.1 主要研究结论 ………………………………（121）
6.2 研究启示与政策建议 ………………………（124）
6.3 局限性与未来研究方向 ……………………（125）

参考文献 ……………………………………………………（128）

引　言

1.1　研究背景

商业银行在中国的金融体系中占据主导地位，并在金融资源的配置中扮演核心角色（Allen 等，2005；方军雄，2007）。自 1978 年改革开放以来，中国的银行业伴随着中国经济的发展，经历了从计划到市场化，从单一金融体制到多元银行发展的历程。改革开放前，中国人民银行同时扮演中央银行和商业银行的双重角色。1983 年 9 月 17 日，国务院颁布了《关于中国人民银行专门行使中央银行职能的决定》，明确了中国人民银行专门行使中央银行职能，同时中国工商银行、中国农业银行、中国银行和中国人民建设银行作为专业银行，在国家规定的业务范围内独立行使职权。之后，招商银行、中信银行等一批股份制商业银行相继组建。而近年来，定位于服务地方经济的城市商业银行逐渐发展成为银行业的重要组成部分。

中国的城市商业银行始于 20 世纪 90 年代的城市信用社。1995 年 9 月 7 日，国务院发布的《关于组建城市合作银行的通知》提出在城市信用合作社的基础上组建城市合作银行，并指出其主要任务是"融通资金，为本地区经济的发展，特别是城市中小企业的发展提供金融服务"。1998 年 3 月 13 日，经国务院同意，中国人民银行与国家工商行政管理总局联合发文，将城市合作银行统一更名为城市商业银行,城市商业银行开始进入全面发展时期。1999年,上海银行引入外资股东国际金融公司(International Finance Corporation),成为首家外资参股的城市商业银行。2006年4月12日,上海银行宁波分行批准成立,上海银行成为首家开设跨省①分支机构的城市商业银行。2007年,北京银行、南京银行、宁波银行在A股成功上市;2013年,重庆银行、徽商银行在H股成功上市;2018年,郑州银行在A股成功上市,成为首家实现A+H股上市的城市商业银行。图1-1显示,在中国银行市场中,大型商业银行长期占据主导地位,但其总资产比例逐渐下降,而城市商业银行的总资产比例逐年上升。

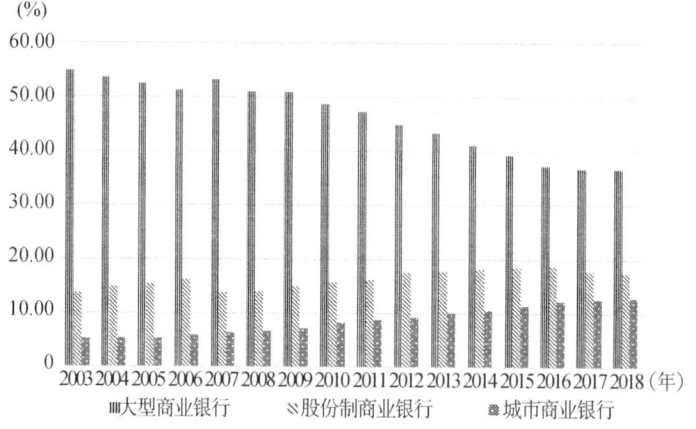

图1-1 各类商业银行总资产占银行业金融机构总资产比例

资料来源:根据中国银行保险监督管理委员会发布的统计数据整理。

表1-1列示了截至2018年四季度,城市商业银行、股份制商业银行和大型商业银行的各核心监管指标数据对比。从表1-1可

---

① 《城市商业银行异地分支机构管理办法》(银监发〔2006〕12号)第六条规定,"跨省设立是指城市商业银行在法人住所所在省(自治区、直辖市)行政区划范围以外设立分支机构"。

以看出,虽然近年来城市商业银行总资产占银行业金融机构总资产的比例大幅度提高,但是城市商业银行在风险控制等方面仍然与股份制商业银行和大型商业银行存在较大差距,因此研究城市商业银行的金融资源配置是十分必要的。

表1-1　2018年四季度商业银行主要指标分机构类情况表　（单位:%）

	城市商业银行	股份制商业银行	大型商业银行
总资产占比	12.80	17.53	36.67
不良贷款率	1.79	1.71	1.41
资产利润率	0.74	0.84	1.00
拨备覆盖率	187.16	187.41	220.08
资本充足率	12.80	12.76	15.70
流动性比例	60.14	56.49	52.34
净息差	2.01	1.92	2.14

资料来源：根据中国银行保险监督管理委员会发布的统计数据整理。

城市商业银行具有典型的区域经营特征。根据本书统计,在134家城市商业银行中,仅有46家实现跨省经营,且经营的省份数量相比其他大型商业银行或股份制商业银行非常低。中国各个省份的经济和金融发展程度差异巨大,因此研究区域银行市场对城市商业银行金融资源配置的影响具有重要意义。关于银行市场结构的经济后果,已有研究主要包括其对宏观经济增长的影响（Jayaratne和Strahan,1996；Guzman,2000；贾春新等,2008；林毅夫和孙希芳,2008；张健华等,2016）,对企业融资行为的影响（Petersen和Rajan,1995；林毅夫和李永军,2001；Cetorelli和Strahan,2006；Paravisini,2008；鲁丹和肖华荣,2008；Rice和Strahan,2010；马君潞等,2013；刘星和蒋水全,2015）,对企业创新活动的影响（Benfratello等,2008；Chava等,2013；Chong等,2013；张杰等,2017）,和对银行风险承担的影响（Petersen和Rajan,

1995；Allen 和 Gale，2004；Boyd 和 De Nicolo，2005；Beck 等，2006；杨天宇和钟宇平，2013；郭晔和赵静，2017）。当采用商业银行构建研究样本时，出于市场占有率或者数据可获得性的考虑，已有的中国研究多采用大型商业银行和股份制商业银行样本，或者全国范围的上市商业银行样本。区域性是城市商业银行的重要经营特征。但是，由于大型商业银行和股份制商业银行在中国占有较大市场，城市商业银行在开展业务时，虽然定位于服务本地经济，仍会面临激烈的竞争。并且，城市商业银行明显的地域特征也使其金融资源配置更容易受到地方银行市场、地方政府行为的影响。因此，研究省级区域环境对城市商业银行金融资源配置的影响能够为政策的有效实施提供更具针对性的理论支持，并且为城市商业银行的未来发展提供建议。

银行对整体经济发展具有重要作用，是政府财政收入的稳定来源。但是，相比非金融企业，银行的会计信息透明度更差（Levine，2004；Bushman，2016）。因此，世界各国政府都对银行制定了一系列的管制政策。中国的商业银行同样面临严格的政府监管。而与大型商业银行和股份制商业银行相比，对城市商业银行的监管主要在市场准入方面存在差异。根据本书统计，大型商业银行已基本完成全国布局，股份制商业银行也在全国大部分省级区域设有分支机构。但是由于城市商业银行的初期市场定位，其经营区域主要集中在法人机构所在省份。截至 2017 年 12 月 31 日，仅有北京银行的分支机构覆盖的省、自治区、直辖市数量达到 12 个；另外有 46 家城市商业银行具有跨省分支机构，但是覆盖的省、自治区、直辖市数量均在 8 个（含）以下。2006 年 2 月 6 日，中国银行业监督管理委员会（以下简称"银监会"）《城市商业银行异地分支机构管理办法》（银监发〔2006〕12 号）的颁布使跨区域经营开始得到各城市商业银行的重视。为了进一步增强城市商业银行的服务辐射功能，银监会于 2009 年 4 月 16 日进一步印发了《关于中小商业银行分支机构市场准入政策的调整意见（试行）》（银监办发〔2009〕143号），"支持城市商业银行按照'三步走'原则建立分支机构网络，即先省内、后省外，先本经济区域、后跨经济区域，最后向全国辐射"。王擎等（2012）对中国城市商业银行的跨区域经营状况进行了研究，发现跨区域经营能够提高城市商业银行的信贷增速，同时有效分散投资和信贷风险。Jiang等（2016）利用美国州际银行设立分支机构管制放松政策作为外生事件，发现放宽异地经营准入规制虽然加剧了银行竞争，却能够提高银行的信息披露质量。但是，也有研究表明激进的银行扩张可能会增大银行风险和系统性金融风险。城市商业银行的跨区经营，尤其是跨省经营，受到严格监管，研究跨区经营监管对城市商业银行金融资源配置的影响，对于积极引导城市商业银行优化布局，根据自身发展和地区经济金融发展科学设立跨区域分支机构具有重要意义。

虽然《城市商业银行异地分支机构管理办法》（银监发〔2006〕12号）和《关于中小商业银行分支机构市场准入政策的调整意见（试行）》（银监办发〔2009〕143号）促进了城市商业银行的跨区域经营。但是，2011年之后，城市商业银行的跨省规模扩张逐渐被收紧，监管机构更加重视城市商业银行的区域定位及其内部治理水平的提升。由于中国的大型商业银行和股份制商业银行发展时间较长，发展水平较高，城市商业银行始终面临着较为激烈的业务竞争。而商业银行面临的存款竞争越激烈，越倾向于通过扩大影子银行业务规模来应对竞争（郭晔和赵静，2017）。2011年后跨区域经营政策的收紧可能导致城市商业银行更加激进地在正常贷款业务之外拓展发展渠道，因此更有可能扩大影子银行业务规模。而规模过大的影子银行业务可能引发严重的金融系统性风险（如2019年的包商银行事件）。2008年金融危机爆发后，银行薪酬与业绩高度相关所带来的严重银行风险逐渐受到重视。因此，为了提高城市商业银行的公司治理水平，防范和化解潜在的金融风险，

2010年2月,银监会印发了《商业银行稳健薪酬监管指引》(银监发〔2010〕14号),指出商业银行的薪酬激励应兼顾公司治理和风险管控作用。

在上述背景下,本书以中国的城市商业银行为研究样本,多角度分析了省级区域环境和内部治理结构对城市商业银行金融资源配置的影响。具体而言,本书从地方政府产业政策的角度分析了城市商业银行贷款行业的影响因素和风险后果。防范和化解金融风险是商业银行实现良好金融资源配置的重要任务,而拨备覆盖率衡量了商业银行的风险管理水平,因此本书进一步从跨区经营监管的角度分析了城市商业银行拨备覆盖的影响因素。随着银行业监管趋严,商业银行倾向于通过表外业务隐藏风险,影子银行业务增长迅速,银行系统性风险随之扩大。由于城市商业银行更倾向于开展影子银行业务(祝继高等,2016),而内部治理中的薪酬激励能有效调节管理层的风险偏好,因此,本书还从高管薪酬延期支付的角度分析了城市商业银行影子银行业务的影响因素。

1.2 研究意义

本书的理论意义和现实意义主要体现在以下几个方面。

1.2.1 理论意义

1. 拓展从宏观政策到微观主体决策的理论分析框架

姜国华和饶品贵(2011)提出从宏观政策到微观主体决策的理论分析框架后,会计领域开始注重研究宏观政策对微观主体行为的影响。然而,在不同制度环境下,政策实施对不同微观主体的影响存在差异。本书将宏观政策与微观主体决策理论分析框架拓展到商业银行的研究领域中,并重点分析区域环境对于城市商业银行金融资源配置的影响,以及特定市场结构中,产业政策、监管政策对城市商业银行金融资源配置的影响。因此,本书有利于从微观层面,尤其是微观银行行为层面,深入分析宏观政策的传导机制,为银行政策研究提供更具针对性的决策基础;同时有利于从宏观层面上预测城市商业银行未来的行为与风险,为在区域金融资源配置中发挥重要作用的城市商业银行的行为决策提供宏观指引。

2. 有助于更全面地了解城市商业银行的金融资源配置效率

现有关于中国商业银行的金融资源配置研究主要集中于正常企业—银行的信贷业务研究,并且主要从资金使用方——企业的角度来分析商业银行的金融资源配置。本书则从金融资源的主要资金供给方,即商业银行的角度出发,分析商业银行的金融资源配置。商业银行在中国金融市场的资源配置中起着十分重要的作用,而城市商业银行近年来逐渐成为商业银行市场的重要组成部分。本书研究中国城市商业银行的金融资源配置,有助于进一步了解城市商业银行的发展路径和金融资源配置,为推进供给侧结构性改革提供理论证据。

3. 丰富转型经济国家的商业银行会计信息理论

由于数据的限制,现有关于商业银行会计信息质量及金融资源配置效率的研究主要以上市商业银行或 Bankscope 数据库中涵盖的中国商业银行样本为研究对象,且缺少银行公司治理水平和贷款行业分布等需要深入挖掘的信息。本书以城市商业银行为研究对象,通过收集和整理城市商业银行年报,获得更为全面的城市商业银行经营和管理信息,有助于对城市商业银行进行更加全面、系统、深入的研究,并提供转型经济国家商业银行会计信息质量与金融资源配置效率的新证据,进一步丰富转型经济国家商业银行的相关理论。

1.2.2 现实意义

1. 为城市商业银行提高金融资源配置效率提供决策参考

城市商业银行在中国金融市场，尤其是地方金融市场中的中小企业金融资源配置方面发挥着十分重要的作用。中国各省金融市场发展程度具有较大差异，本书分析区域环境对于城市商业银行金融资源配置的影响，能为提高不同地区的城市商业银行金融资源配置效率提供参考，帮助商业银行在特定的制度环境下进行决策，进而提高资源配置效率；从内部治理的角度而言，高质量的会计信息能够提高商业银行的信息透明度，完善公司治理结构，进而提高商业银行的风险控制能力。

2. 对于进一步提高商业银行信息透明度和会计信息质量具有重要的启示

信息不透明是商业银行的重要特点（Levine，2004）。因此，提高商业银行的会计信息质量对改善金融资源配置效率具有重要意义。本书通过分析制度环境如何影响城市商业银行的盈余管理行为，尤其是计提贷款损失准备的行为，以及监管政策对于城市商业银行影子银行业务的影响，能够为提高商业银行会计信息透明度和会计信息质量提供政策依据。

3. 为城市商业银行的监管提供理论参考和数据支持

近年来，中国城市商业银行发展迅速，但是在高速发展的背后也存在着巨大的风险。随着金融业内部联系越来越紧密，一家商业银行的风险暴露可能会导致剧烈的连锁反应。因此，防范金融风险对于维护市场稳定具有重要意义。本书基于中国城市商业银行的数据，实证检验了《关于中小商业银行分支机构市场准入政策的调整意见（试行）》（银监办发〔2009〕143号）和《商业银行稳健薪酬监管指引》（银监办发〔2010〕14号）对于城市商业银行会计信息质量和金融资源配置效率的影响，为城市商业银行的有效监管提供了理论参考和数据支持，有助于进一步完善中国银行保险监督管理委员会及其各级机构的监管政策和实施方案。

1.3 研究思路

本书主要围绕城市商业银行所面临的特殊市场和政策环境，以及城市商业银行间的内部治理差异，研究了城市商业银行金融资源配置的影响因素和风险后果。

中国各地区的经济文化发展水平存在显著差异，而区域性是城市商业银行的重要经营特征。国内现有关于商业银行的研究主要以大型商业银行、股份制商业银行或已上市的商业银行为研究样本，但是，转型时期的中国金融市场中，城市商业银行的金融资源配置作用越来越强。城市商业银行具有自身的特点和特色，面临的市场和监管环境也不同于大型商业银行和股份制商业银行，因此本书重点分析城市商业银行的金融资源配置，能够为银行监管和城市商业银行的未来发展提供更具针对性的理论建议。城市商业银行相比大型商业银行和股份制商业银行规模较小，因此可以缓解因商业银行作用于外部市场环境而导致的内生性问题。监管政策的变化为本书的研究提供了外生场景，也有利于缓解内生性问题。利用城市商业银行的区域性经营特征构建面板数据还能在一定程度上缓解时间趋势问题。

相比其他行业，金融行业具有高风险特征，且存在更大的系统性风险。这是因为，金融行业通过金融资源配置与各个行业形成紧密联系。贷款的行业配置体现了金融资源在各个行业中的分配比例，对金融资源配置的有效性具有重要影响。因此，本书首先从贷款业务的贷款行业分布角度进行分析，探究城市商业银行贷款行业分布的影响因素和风险后果。已有研究表明，产业政策对中国的金融资源配置具有重要影响。而城市商业银行的区域性经营特征使其更容易受到地方政府产业政策的影响。因此，本书选择从省级地方政府产业政策的角度分析城市商业银行贷款行业配置的影响因素和风险后果。并且，通过研究地方政府产业政策在不同银行市场结构下的影响差异，了解省级地方政府产业政策对于城市商业银行贷款行业配置的影响机制。

在金融资源配置的过程中，商业银行的重要任务是防范和化解金融风险。在商业银行的风险监管核心指标中，不良贷款率体现了商业银行的信用风险，因此本书还研究了城市商业银行贷款利率和贷款行业分布对不良贷款率的影响。当商业银行存在不良贷款时，需要及时计提贷款损失准备。贷款损失准备是否计提及时、充足体现了商业银行抵御风险的能力。但是，贷款损失准备属于应计项目，对银行信息透明度具有重要影响，反映了商业银行对未来风险的评价和防范，也是商业银行进行盈余管理的重要手段。因此，进一步探究影响城市商业银行拨备覆盖率的影响因素能够为防范和化解金融风险，提高金融资源配置效率提供政策建议。由于本书以中国城市商业银行为研究对象，因此主要聚焦不同于其他类型商业银行的特征对城市商业银行金融资源配置的影响。而相比其他类型商业银行，城市商业银行在跨区域经营方面受到严格监管。因此，进一步地，本书从跨区域经营监管的角度分析了城市商业银行贷款拨备的影响因素，以及银行审计特征对会计信息质量发挥的调节作用。

近年来随着银行竞争愈加激烈，已有研究发现，城市商业银行相比大型商业银行和股份制商业银行，还更加倾向于在开展正常贷款业务的同时，扩大影子银行业务。影子银行业务会导致较高的系统性风险，有效控制影子银行业务规模对防范和化解金融风险具有重要意义。因此，本书进一步检验了银行监管引导下的内部治理手段对于城市商业银行从事影子银行业务的影响。具体而言，本书以商业银行高管薪酬延期支付这一监管政策为背景,从薪酬激励的角度分析了城市商业银行影子银行业务的影响因素,以及银行风险水平发挥的调节作用。

梳理和检验区域环境和内部治理影响城市商业银行金融资源配置的途径和机制有助于深化城市商业银行的理论研究,也是"从宏观到微观"研究需要回答的重要问题。本书通过制度梳理并结合已有的研究文献,选择从省级区域环境和内部治理结构两个维度来检验城市商业银行金融资源配置的影响因素和风险后果。为了检验具体的途径和机制,本书分析了省级地方政府产业政策分别对城市商业银行贷款利率和贷款行业配置的影响;分析了城市商业银行跨省经营和高管薪酬延期支付这两项监管政策分别对城市商业银行拨备覆盖和影子银行业务的影响,并在上述分析中,嵌入了银行内部治理机制所发挥的调节作用。上述研究设计使得本书可以采用合适的理论检验城市商业银行金融资源配置的影响因素和风险后果。

1.4 结构安排

基于上述分析,本书共6章,分为三个部分。

第一部分由第1章和第2章组成。第1章为引言,主要包括研究背景、研究意义、研究思路,以及结构安排和主要创新。第2章为文献综述,主要对与本书研究相关的文献进行总结和评述。

第二部分由第3章、第4章、第5章组成,是本书的主要实证检验部分。具体而言,第3章主要从省级地方政府产业政策的角度研究城市商业银行贷款行业配置的影响因素和风险后果,及银行市场结构发挥的调节作用;第4章主要从跨区域经营监管的角度研究城市商业银行拨备覆盖的影响因素,及银行内部治理结构发挥的调节作用;第5章主要从薪酬激励中的高管薪酬延期支付政策角度研究城市商业银行影子银行业务的影响因素，及银行风险水平发挥的调节作用。

第三部分为第 6 章。该部分对本书的主要研究内容和研究结论进行了总结，并提出政策建议，同时指出了本书的研究局限和未来研究方向。

1.5 主要创新

本书的研究创新主要体现在以下三个方面。

1. 从商业银行的角度检验金融资源配置的影响因素和风险后果

现有关于金融资源配置的研究主要是从资源需求方即企业的角度来切入，例如，关注企业能否获得信贷融资、融资成本是否降低，以及获得信贷资源后能否促进企业的业绩增长或投资效率提高。本书则选择从中国金融资源的主要提供者——商业银行的角度来分析金融资源配置的影响因素和风险后果。因此，本书的研究一方面丰富和完善了金融资源配置的相关文献，另一方面也可以为金融监管部门的商业银行监管提供决策依据。

2. 研究中国的城市商业银行金融资源配置

由于数据的限制，现有关于商业银行资源配置的研究主要是基于上市银行和 Bankscope 等商业数据库提供的数据。城市商业银行与大型商业银行、股份制商业银行相比，不仅本身在信贷规模、公司治理特征等方面存在差异，面临的市场竞争环境、银行监管政策也具有显著的地域特征，而 Bankscope 数据库中城市商业银行数据缺失较为严重。中国地区经济文化发展水平存在显著差异，因此本书通过手工收集的 2006—2017 年的城市商业银行数据，以中国城市商业银行的金融资源配置为研究对象，有助于对中国商业银行的金融资源配置及效率进行更具针对性的分析,从而提出有效的政策建议。

3. 梳理从宏观政策到微观银行决策的传导机制

本书以区域环境作为切入点,将宏观政策与商业银行的行为决策相结合,探讨区域环境影响城市商业银行决策的理论基础和传导机制,同时嵌入了银行内部治理结构发挥的调节作用。正如姜国华和饶品贵(2011)所指出,"我们缺乏对宏观经济政策与波动和企业微观主体行为与业绩之间关系的研究,缺乏从宏观到微观的传导机制的研究"。该观点同样适用于商业银行的研究。本书通过分析省级区域环境、银行监管政策、内部治理结构如何共同影响城市商业银行的金融资源配置,进一步拓展了宏观政策与微观主体行为的研究框架。

文献综述

2.1 市场环境与金融资源配置

2.1.1 银行市场结构与金融资源配置

衡量银行市场结构主要采用集中度与竞争度两个指标，并且高集中度和高竞争度可能并存（Claessens 和 Laeven，2003）。已有研究主要从宏观经济增长和微观企业行为的角度分析银行业市场结构对资源配置效率的影响。

1. 银行市场结构对宏观经济增长的影响

在宏观经济增长方面，部分研究支持银行竞争能够促进经济发展（Jayaratne 和 Strahan，1996；Guzman，2000；Claessens 和 Laeven，2005；Cetorelli 和 Strahan，2006；贾春新等，2008；林毅夫和孙希芳，2008）。Jayaratne 和 Strahan（1996）首次利用美国银行分支机构设立管制放松这一外生事件，检验了银行竞争的经济后果，结果表明分支机构设立管制放松后，银行借款质量得到改善（如贷款损失明显下降），实际人均收入增速明显提高。Guzman（2000）通过理论模型分析发现，相比竞争性的银行市场，垄断的银行市场会导致严重的信贷配给，不利于资本积累和经济增长。Cetorelli 和 Strahan（2006）研究了美国各地区的银行市场，发现在银行市场集中度较高的区域，新进入的企业更不容易获得信贷资源。Carlin 和 Mayer（2003）利用 OECD 成员国的跨国数据进行研究，发现一个国家的银行竞争程度越激烈，经济增长越高。贾春新等（2008）采用中国的四家国有大型商业银行的分支机构数量衡量银行竞争程度，发现其对经济增长具有显著正向影响。林毅夫和孙希芳（2008）发现非大型商业银行市场份额的上升对经济增长也具有显著的正向影响。张健华等（2016）采用 HHI 和 CR4 指数研究了银行市场集中度对全要素生产率的影响，认为银行业集中度下降有利于提高全要素生产率增长，而且这一影响在信贷资源供给较低和信贷环境较好时更显著。徐璐和叶光亮（2017）发现银行竞争上升可以使银行经营风险下降，虽然可能损害银行业的经营利润，但能够提高社会总福利。

但也有研究认为，银行竞争会阻碍长期借贷关系的形成，不利于经济增长。Petersen 和 Rajan（1995）研究发现，当银行处于垄断地位时，更倾向于向企业，尤其是具有融资约束的小企业发放贷款，建立长期关系。因为关系型贷款可以削弱企业的道德风险行为，使得银行从中受益。Cetorelli 和 Peretto（2012）认为银行竞争会同时影响贷款可得性和贷款配置效率，当银行竞争程度加强时，虽然贷款可得性会增加，但是银行对借款人信息的收集动机会下降，进而影响贷款配置效率。此外，当银行竞争过为激烈而形成过度竞争时，可能会增加金融系统的不稳定性，而较为集中的银行市场可以抑制过度竞争，有利于经济发展。De Guenara 和 Maudos（2011）研究了 21 个国家银行市场垄断程度与经济增长间的关系，发现两者具有倒"U"形的关系，即只有适当的竞争水平才能够匹配经济增长（Cetorelli 和 Gambera，2001；林毅夫和姜烨，2006）。

2. 银行市场结构对微观企业行为的影响

对银行结构经济后果的微观层面研究主要关注银行市场结构对信贷成本和银行风险承担的影响。

（1）对企业信贷的影响。

关于银行市场集中度对信贷成本的影响主要有两种假说：结构绩效假说（Structure – Performance Hypothesis）与有效结构假说（Efficient – Structure Hypothesis）。结构绩效假说认为，在垄断的商业银行市场中，由于存在共谋行为，银行可以通过市场力量提高信贷价格，获取更多利润（Berger 和 Hannan，1989）。有效结构假说则认为，集中的商业银行市场是由于经营效率较好的银行发展更快所导致的，因此银行对贷款的定价会更具竞争性（Jackson，1992）。Corvoisier 和 Gropp（2002）通过对 11 个欧洲国家 1993—1999 年的商业银行市场进行分析，发现银行市场集中度越高，贷款利率与市场利率之差越大，支持了结构绩效假说。Demirguc – Kunt 等（2003）通过对 72 个国家的 1400 多家银行的数据进行研究，发现银行市场集中度与银行净利差具有正相关关系。Cetorelli 和 Strahan（2006）对美国地方市场进行研究，发现当地方商业银行市场集中度较高时，相比成立时间较长的企业，成立时间较短的企业更不容易获得贷款。方芳和蔡卫星（2016）发现，银行市场集中度的降低能显著缓解企业的融资约束、促进企业成长。也有研究发现，通过缓解企业融资约束，在银行市场集中度较低的区域，中小企业的研发创新水平更高（蔡竞和董艳，2016）、资本结构调整速度更快（Jiang 等，2017）、投资效率更高（祝继高等，2020）。Perera 等（2010）对南亚地区的孟加拉国、印度、巴基斯坦和斯里兰卡四个国家的商业银行市场进行分析，发现银行市场集中度仅对占有市场份额较高的大型商业银行的利差具有正向影响。

关于银行市场竞争度对信贷成本的影响，已有研究也未取得一致结论，并存在两种假说：市场力量假说（Market Power Hypothesis）与信息假说（Information Hypothesis）。市场力量假说认为，较高的银行市场竞争度能够缓解企业融资约束（Beck 等，2004；Love 和 Peria，2014；刘星和蒋水全，2015；严楷等，2019），降低

借款利率 (Carbo – Valverde 等, 2009; Ryan 等, 2014)。该假说与主流经济理论相符, 即提高市场竞争能够降低产品价格。Rice 和 Strahan (2010) 利用美国各州银行分支机构准入难易程度来衡量商业银行市场竞争度, 发现在银行分支机构进入更容易的地区, 中小企业的借款利率更低, 并且能获得更多银行借款。Chong 等 (2013) 以中国中小企业为研究对象, 发现银行竞争程度较高时, 企业融资约束程度更低, 且股份制商业银行和城市商业银行比大型商业银行发挥了更大的作用。信息假说则认为, 较低的银行市场竞争度使银行更有动机建立关系型贷款, 从而降低信息不对称水平, 而较高的银行市场竞争度则会削弱这一动机, 从而降低企业的贷款可得性 (Petersen 和 Rajan, 1995; Dell'Ariccia 和 Marquez, 2006; Ratti 等, 2008; Fungacova 等, 2017)。在建立关系型贷款的同时, 银行也会更有动机获取企业信息, 使得银行与企业的信息透明度更高, 有利于贷款关系的建立 (Broecker, 1990; Marquez, 2002; Hauswald 和 Marquez, 2006)。Ratti 等 (2008) 利用欧洲 14 个国家的数据进行研究发现, 在考虑了企业信息透明度、企业规模等因素后, 较低的银行竞争度仍然有利于缓解企业融资约束。马君潞等 (2013) 采用樊纲和王小鲁提出的市场化指数中的金融业竞争指数衡量中国各省银行业竞争程度, 发现银行竞争对上市公司的借款期限具有双重作用, 既激励银行通过延长贷款期限争夺优质客户, 又可能由于银行代理成本的增加而缩短贷款期限。

(2) 对银行风险的影响。

已有研究表明, 商业银行市场的集中度和竞争度会影响商业银行的风险水平。但是, 关于银行业市场结构如何影响商业银行风险, 已有研究未得到一致结论。在传统银行市场研究中, 集中度与竞争度被视为具有显著负相关关系的两个指标, 因此相关研究结论分别支持了"集中度—稳定性假说"和"集中度—脆弱性假说"。"集中度—稳定性假说"认为, 银行市场集中度越高, 银行的市场势力越强（Allen 和 Gale，2004），更有可能提高贷款组合质量（Petersen 和 Rajan，1995）、银行系统更加稳定（Berger 等，1999；Berger 等，2009；Bushman 等，2016）。Beck 等（2006）利用 69 个国家的商业银行数据进行分析发现，银行集中度越高，银行系统性危机发生的可能性越低。Beck 等（2013）还发现，在面临严格国家银行监管的市场中，银行市场集中度的降低更容易导致脆弱的银行体系。但是，也有研究支持"集中度—脆弱性假说"。Mishkin（1999）认为，当市场中银行数量较少时，银行倒闭会带来极大的风险，因此政府对其补贴会更高，使得银行的风险承担水平更高，加剧了银行系统性风险。Boyd 和 De Nicolo（2005）指出，大型银行的市场势力会导致更高的借款利率，并使得企业的风险承担水平更高，从而引发系统性风险。Akins 等（2016）发现，在集中度较高的地区，商业银行更倾向于提高风险承担水平，更容易被监管机构问询，也更有可能面临破产。

随着对银行市场结构研究的深入，一些研究发现，银行市场的集中度和竞争度并非完全负相关，高集中度和高竞争度可能同时存在（Claessens 和 Laeven，2003；刘伟和黄桂田，2003）。这说明，在衡量商业银行市场结构时，集中度指标和竞争度指标反映了商业银行市场结构的不同方面。因此，杨天宇和钟宇平（2013）分别采用 HHI 指数和 Lerner 指数衡量中国商业银行市场结构，发现银行业集中度和银行风险显著正相关，并且银行业竞争度不会对银行集中度与银行风险之间的关系产生影响，因此应放松银行业进入管制。Liu 等（2012）对东南亚地区的印度尼西亚、马来西亚、菲律宾和越南四个国家的商业银行市场进行研究，发现银行市场集中度和竞争度均不会提高银行的风险承担水平。Fu 等（2014）对包括中国在内的 12 个亚太地区国家的商业银行市场进行研究，却发现银行市场集中度和竞争度均会对银行风险产生正向影响。

2.1.2 产业政策与金融资源配置

产业政策是一系列对产业发展有重大影响的政策和制度安排的总和,它受到国家发展战略的支配和规定(周振华,1990)。为了促进经济发展,世界各国采取了各种形式的产业政策,但是产业政策的效果却具有显著差异(Robinson,2009)。自20世纪80年代末以来,中国逐渐成为实行产业政策较多的国家。由于中国的产业政策主要采用目录指导、市场准入等实施手段,因此属于选择性产业政策,容易阻碍产业结构内生的演变和发展(江飞涛和李晓萍,2010)。党的十八大之后,中国的产业政策开始转变为以完善市场机制、维护公平竞争等为目标的功能性与创新性产业政策(江飞涛和李晓萍,2018)。关于产业政策对资源配置的影响研究多从企业角度出发,由于产业政策的多样性和功能性,其有效程度一直存在争议。

1. 产业政策的有利影响

中国的产业政策对产业间的资源分配具有重要作用(林毅夫和姜烨,2006;潘士远和金戈,2008),属于产业政策支持的企业往往具有更充足的信贷资源(Chen等,2017)。Chen等(2017)发现,属于产业政策支持行业的企业拥有更多的股权再融资机会,其长期银行借款水平也显著高于其他行业企业。不属于产业政策支持行业的公司则更倾向于建立银行关联(祝继高等,2015a),并且,建立银行关联后,不属于产业政策支持行业的企业的长期借款水平及其波动性均会显著降低。由于融资约束的降低,产业政策能够抑制企业高管的不良行为并降低企业的会计稳健性(黎文飞和巫岑,2019)、提高企业的风险承担水平(张娆等,2019)。陆正飞和韩非池(2013)研究了产业政策对企业现金持有的影响,发现长期的产业政策能够通过投资机会路径提高企业现金持有水平的市场竞争效应和价值效应。陈冬华和姚振晔(2018)发现,产业政策会降低支持行业企业的股价同步性，提高股价中公司特质信息的含量。其他地方政府产业政策研究发现，地方政府的重点产业政策总体上显著提高了产业生产率，但是这一影响在不同产业类型中具有显著差异（宋凌云和王贤斌，2013）；地方政府产业政策的出台能推动地方产业结构升级，但是该推动作用还与地方市场化程度和地方政府能力相关（韩永辉等，2017）。巫岑等（2019）发现，受产业政策支持的企业能够更快地进行资本结构调整，且这一影响对曾经融资约束较为严重的企业更显著。

2. 产业政策的不利影响

也有研究表明，产业政策不利于资源的有效配置。在宏观经济方面，当金融资源配置的行业集中度较高时，容易引发系统性金融风险（刘春志和范尧熔，2015）。周亚虹等（2015）通过对比上市公司中的传统行业公司和新能源行业公司，发现产业扶持政策在行业的初期发展阶段可以通过提高产业利润率释放潜在产能，但是在产业扩张后，产业扶持政策难以引导技术创新，从而可能带来产能过剩。杨继东和罗路宝（2018）同时检验了中央和省级政府重点产业政策对土地资源配置的影响，发现地区间的政府竞争加重了产业政策导致的资源空间配置扭曲和产能过剩。在微观企业行为方面，毕晓方等（2015）采用案例分析的方式研究了民营造船企业"熔盛重工"的相关媒体和财务数据，认为产业政策带来的资源优势会导致管理者的过度自信，而管理者的过度负债和过度投资会进一步引发企业流动性风险。黎文靖和李耀淘（2014）、王克敏等（2017）、张莉等（2019）通过实证检验均发现产业政策支持会提高企业资源可得性，并导致企业投资效率的下降。而产业政策对企业的资源供给，会使非支持企业倾向于通过多元化经营涉入支持行业（杨兴全等，2018）。钱雪松等（2018）对比了十大振兴产业企业和其他产业企业的全要素生产率，发现产业政策会使政策支持企业的投资敏感度下降，降低企业的全要素生产率，并且产业政策对政府干预程度较强的地区的企业影响更大。而基于研发创新激励的产业政策可能导致企业的专利申请只追求"数量"而忽略"质量"（黎文靖和郑曼妮，2016），甚至导致研发操纵现象（杨国超等，2017）。杨瑞龙和侯方宇（2019）、钱学锋等（2019）分别通过实证检验和理论模型指出，产业政策的实施模式是非常重要的，同时良好的产权环境也是产业政策有效实施的重要条件。

2.2 银行市场准入与金融资源配置

Levine（2004）指出，相比非金融企业，银行的会计信息更不透明；并且，银行对整体经济发展具有重要作用，是政府财政收入的稳定来源。因此，各国政府都对银行制定了一系列的管制政策，而市场准入管制是政府监管银行的重要方式之一，包括对银行的市场准入标准、要求以及范围进行严格限制（蔡卫星，2016）。关于银行分支机构市场准入，国外对于分支机构市场准入的研究主要以美国20世纪70年代后各州放松银行地域管制为研究背景。20世纪70年代起，美国各个州开始逐步取消银行在州内设立分支行的限制，1994年颁布的《州际银行与分行效率法》（The Interstate Banking Efficiency Act）允许银行跨州经营。跨州经营限制的放开使银行市场资源得到更有效的配置，尤其是在那些原先银行市场准入限制较严、银行市场集中度较高的州，资源重置效应更为显著（Stiroh和Strahan，2003）。Besanko和Thakor（1992）发现，降低银行市场准入管制后，均衡贷款利率会下降，而均衡存款利率会上升，因此借款者会获利，而银行利益会受到损失。Flannery（1989）认为，银行管制的放松有利于提高银行业绩和经营效率。Hughes等（1996）发现，银行分支机构的地理多元化会同时对银行的盈利能力和风险承担水平产生影响，使银行实现规模经济。规模经济显著降低了银行的经营成本和贷款损失，但是加剧的银行竞争使原本经营效率较低的银行无法从中收益（Jayaratne 和 Strahan，1998）。Jayaratne 和 Strahan（1998）还发现，得益于银行经营成本的降低，银行的贷款利率也随之降低，并且有利于经济增长。Huang（2008）也发现，相比未放松银行管制的地区，放松银行管制的地区的经济增长更快。但是，Morgan 等（2004）认为，美国州际银行管制的放松使得各州的商业周期更短，并且更加相似。虽然跨州经营能够通过分散存贷的方式降低银行风险，但是州际银行管制放松带来的银行竞争会增加银行风险（Akhigbe 和 Whyte，2003），并且设立异地分支机构带来的规模经济会促使商业银行提高经营杠杆，导致商业银行市场更激烈的竞争，增加商业银行的经营风险（Demsetz 和 Strahan，1997）。虽然银行业具有规模经济效应，但是州际银行准入限制放开后，大型和小型商业银行仍然共存，Brickley 等（2003）认为，这是由于与跨区域经营的大型银行相比，本地小型银行具有信息优势，其管理者也更容易获得股权激励从而更有动机发掘风险信息。Berger 和 DeYoung（2006）通过研究多家银行持股公司（Multibank Holding Companies，MBHC）发现，公司中最大的银行分支机构与其他银行分支机构的地理距离会影响 MBHC 的内部信息传递，增加 MBHC 的代理成本，但科技进步能够有效缓解信息传递成本，使 MBHC 的代理成本逐渐下降。Deng 和 Elyasiani（2008）对银行的总部及分支机构间的地理距离进行测量，发现总部与分支机构间距离越大，银行的 Tobin Q 值越高，银行风险越低。Dichev 等（2013）发现，随着更多银行的进入，投资者和监管者能够对比更多的财务信息，进而更及时地发现银行的盈余管理行为。Jiang 等（2016）通过研究美国的州际银行管制放松政策对银行计提贷款损失准备的影响发现，放宽异地经营准入规制虽然加剧了银行竞争，却能够提高银行的信息披露质量。

由于国内大型商业银行和股份制商业银行已较早在全国各省设立分支机构,国内关于银行分支机构市场准入的研究主要以城市商业银行分支机构设立为研究对象。2006年2月,银监会印发了《城市商业银行异地分支机构管理办法》(银监发〔2006〕12号),规范了城市商业银行省内和跨省设立异地分支机构的审批制度。2009年4月,银监会印发了《关于中小商业银行分支机构市场准入政策的调整意见(试行)》(银监办发〔2009〕143号),其核心内容是放松中小商业银行异地新设分支机构的限制。王擎等(2012)分析了中国城市商业银行的2004—2009年的跨区域经营状况,发现资产规模较大、市场势力较强、经营效率较好的城市商业银行更倾向于跨区域经营,并且跨区域经营程度越高,信贷增速越高,风险水平下降越明显。蔡卫星(2016)借助银监会发布的《关于中小商业银行分支机构市场准入政策的调整意见(试行)》(银监办发〔2009〕143号)作为外生政策冲击,以中国2006—2012年的非大型商业银行数据为研究样本,发现跨区域经营对银行业绩存在双向影响:一方面,跨区域经营的银行市场份额更大、净息差更高、收入结构更优化(非利息收入更高);另一方面,跨区域经营会提高银行的营业成本。李梦雨和魏熙晔(2016)发现,同业业务的开展对城市商业银行跨区域经营的经济后果具有显著影响,具体而言,跨区域经营总体上会增加城市商业银行的不良贷款率,但同业业务规模较大的城市商业银行在跨区域经营后不良贷款率下降。谢世清和王龙(2019)区分了城市商业银行的省内跨区经营和省外跨区经营,发现省内跨区经营的城市商业银行,其资本充足率更高;省外跨区域经营的城市商业银行,其不良贷款率更低。

关于银行管制放松如何通过信贷渠道影响微观企业行为,Black和Strahan(2002)发现,银行管制放松后,银行竞争的加强有利于推动企业的高效合并。Demyanyk 等（2007）发现，州际银行管制的放松更有利于小企业的发展。Amore 等（2013）发现，银行的跨州扩张使银行更有能力向高风险企业贷款，从而促进企业的研发创新。Chava 等（2013）对州内银行管制放松和州际银行管制放松进行了区分，发现州内管制放松会抑制非上市年轻企业的研发创新，而州际管制放松能促进非上市年轻企业的研发创新。这可能是因为，相比上市企业，非上市企业更依赖外部融资，也更难获得本地银行的贷款，因此更能从银行管制放松中获得信贷供给增加带来的益处（Cornaggia 等，2015）。但是，张杰等（2017）基于中国银行的市场准入管制放松政策的背景，发现银行管制放松后，银行竞争度的逐渐增强与企业创新之间存在"U"形关系：在临界值之前，银行竞争的加强会抑制企业创新；在临界值之后，银行竞争的加强会促进企业创新。

还有研究表明，银行管制的放松会对个人财富状况发生影响。Black 和 Strahan（2001）的研究表明，银行管制放松后，企业会通过降低员工工资，尤其是男性员工的工资，来抵消银行管制放松的不利影响。Beck 等（2010）发现，银行管制的放松有利于收入分配更加平等，但是该影响主要通过提高无技能工人的平均工资发生影响，而并非通过提高低收入家庭的教育支出或创新创业。

2.3 银行薪酬激励与金融资源配置

股东—债权人之间的利益冲突源于双方不同的收益方式，债权人希望企业的违约风险更低，而股东则谋求企业的价值最大化。当公司投资高风险项目时，若投资成功，股东将获得大部分收益；若投资失败，债权人的利息收入和本金都可能受到损失。Guay

（1999）发现，为了防止对高价值高风险项目的投资不足，股东会通过调整管理层薪酬结构的方式激励管理层投资于高风险项目。相比其他行业企业，银行的资产负债率更高，因此银行股东有更强的风险转移动机。为了制约股东的风险转移动机，银行管理层的最优薪酬业绩敏感度比其他行业企业的最优薪酬业绩敏感度更低（John 和 Qian，2003；John 等，2010；宋增基等，2010），银行 CEO 薪酬中的股票和期权比例明显低于其他行业企业 CEO 的股票和期权比例（Adams 和 Mehran，2003）。陈学彬（2005）、许国平和葛蓉蓉（2006）、郑志刚和范建军（2007）、张雪兰等（2014）、张栋和杨兴全（2015）对中国商业银行高管薪酬水平进行分析，提出应建立有效的激励约束机制，使薪酬与绩效挂钩，将高管的利益与银行的长期利益相一致。关于银行高管薪酬结构影响银行风险承担水平和业绩表现的研究主要从股东—高管激励和债权人—高管激励的角度进行检验。

2.3.1 股东—高管激励与金融资源配置

从股东—高管激励角度出发，已有研究发现高管薪酬与股东利益的一致性越强，银行的风险承担水平越高。Fahlenbrach 和 Stulz（2009）分析了银行在次贷危机期间的业绩表现，研究结果显示，激励强度（经理持股比例）低的银行的业绩表现反而优于激励强度高的银行。Chen 等（2006）的研究表明，期权激励会导致冒险行为，且期权激励水平越高，银行的风险承担水平越高。但是，彭小兵等（2007）认为，为了达到银行股东和高管的个人效用最大化，股票期权激励优于传统固定薪酬激励或年薪激励。李维安和曹廷求（2004）分析发现，银行中高管与一般职工的较大薪酬差距对银行业绩具有负向影响。蒋海等（2010）分析了中国上市银行的最优激励契约设计问题，并对银行高管薪酬的影响因素进行实证检验，研究结果表明，中国上市银行的高管薪酬与银行绩效显著正相关，说明银行已建立与银行绩效相关联的薪酬激励制度；高管薪酬与银行风险负相关，说明银行应强化高管薪酬与银行风险之间的敏感性，而设立薪酬与考核委员会能够强化高管的风险控制激励。孙君阳和徐娜（2011）也发现，中国上市银行的高管薪酬业绩敏感性显著高于其他上市企业。宋清华和曲良波（2011）则发现，虽然高管薪酬与银行绩效显著正相关，但是高管薪酬与银行风险承担水平具有倒"U"形关系，即过高的高管薪酬激励会加剧银行风险。但是，郝项超（2015）利用银行高管个人数据进行研究，发现针对董事长或行长的薪酬激励能降低银行的破产风险。洪正等（2014）检验了中国银行高管薪酬对房地产行业信贷风险的影响，研究结果表明，银行高管薪酬业绩敏感性越高，银行的房地产行业贷款增速越快，过量的房地产行业贷款会增加信贷风险，并且这一影响机制在薪酬水平相对较低的城市商业银行和农村商业银行中更为显著。宋献中和禹天寒（2018）、李廷瑞和李博阳（2020）的研究表明，过高的高管薪酬不仅会降低银行绩效，还会加剧银行风险。但是，张敏等（2012）研究发现，当银行股东希望更容易获得关联贷款时，会选择在降低银行高管薪酬业绩敏感性的同时，提高高管的在职消费行为。

2.3.2 债权人—高管激励与金融资源配置

从债权人—高管激励角度出发，已有研究检验了内部债务对银行风险的影响。内部债务主要通过高管的退休津贴和薪酬延期支付比例来衡量。内部债务能有效减轻股东—债权人的利益冲突（Sundaram 和 Yermack，2007），使管理层在进行决策时更加保守（Edmans 和 Liu，2011）。Tung 和 Wang（2012）以美国各家银行 CEO 为研究样本，发现 CEO 的内部债务水平越低，银行在金融危机中的下行风险越高。Bennett 等（2015）发现 CEO 的内部债务水平越高，银行的违约风险越低，盈利能力越强。Van Bekkum

(2016）也发现高管内部债务水平与银行风险承担水平负相关。黄秀路和葛鹏飞（2018）研究发现，债权激励能够从缓解期限错配和提高非利息收入两个渠道显著降低银行的系统性风险。

2010年2月，银监会印发了《商业银行稳健薪酬监管指引》（银监发〔2010〕14号），旨在将银行薪酬与商业银行的风险管控联系起来，规定"商业银行高级管理人员以及对风险有重要影响岗位上的员工，其绩效薪酬的40%以上应采取延期支付的方式"。高管薪酬延期支付作为内部债务的重要手段，应该能够降低银行的收益波动风险，进而缓解银行通过贷款损失准备进行盈余管理的行为，但是何靖（2016a）发现，虽然实施高管薪酬延期政策后，银行的收益波动明显下降，但银行通过贷款损失准备进行盈余管理的动机反而增强。进一步的检验表明，银行通过贷款损失准备进行盈余管理的动机在实施高管薪酬延期支付政策后的第三年较强，这是因为中国银行高管的延期支付期限一般为三年。何靖（2016b）和朱波等（2017）发现，实施高管薪酬延期支付政策的商业银行的风险承担水平更低，且这一效应在东部银行和政治晋升概率较低的银行中更显著（朱波等，2017）。

2.4　研究评述

综上所述，现有文献已对"银行业市场结构及其对信贷成本的影响""银行业监管及其治理效应"等方面进行了较为深入的探讨，并形成了比较完整的理论分析框架和研究思路，对商业银行的风险与绩效管理、企业视角的金融资源配置、商业银行监管等问题进行了较为系统的研究。这些研究为本书提供了良好的理论基础和研究方法基础，但是，现有研究还在以下几个方面存在空白，有待进一步深入的研究。

第一，现有的信贷研究文献无法充分体现银行市场环境对资本市场信贷成本的影响机制。市场环境影响商业银行内部决策的传导路径较长，并且可能存在多种作用机制。已有文献主要以非金融企业为样本探索"从宏观政策到微观主体决策"的理论框架，但是鉴于商业银行与非金融企业的巨大差异，以商业银行为研究样本拓展"从宏观政策到微观主体决策"的理论框架，研究多方面市场环境对商业银行决策的影响机制是十分必要的。

第二，现有中国商业银行的研究主要以上市商业银行或者Bankscope数据库中涵盖的商业银行样本为研究对象。由于受到研究样本范围的限制，已有文献中的研究结论可能无法全面反映特定商业银行的特点，因此政策建议缺乏针对性。并且，此类样本中的商业银行规模一般较大，容易与宏观经济环境产生双向影响，产生内生性问题。较为理想的解决方法是利用中国特殊的制度和政策环境，采用合适的外生事件研究商业银行的金融资源配置。由于城市商业银行的经营范围具有显著的地域性特征，因此，研究地方区域环境对城市商业银行金融资源配置的影响能够有效避免内生性问题，并为城市商业银行和地方经济的发展提供建议。

第三，现有关于金融资源配置效率的研究主要关注正常存贷业务的配置效率，未充分关注商业银行的影子银行业务。中国商业银行的影子银行业务近年来发展迅速，并成为商业银行金融资源配置的重要途径。随着影子银行业务暴露的风险逐渐加强，监管机构开始收紧影子银行业务渠道。但是，各商业银行仍然会通过各种方式开展影子银行业务，提高自身的业务规模。因此，关于资源配置效率的研究需要拓展到影子银行业务领域，从而对金融资源的配置效率有更为全面的了解。

第四，现有关于中国商业银行的研究应该更加关注中国的制度环境和治理特色。基于西方国家银行业环境的商业银行研究得出的商业银行理论可能无法很好地回答中国商业银行面临的决策问题，尤其是亟待找到自身发展路径的城市商业银行。中国城市商业银行数据可获得性的提高为本书研究基于中国情境的商业银行理论提供了非常好的机会。因此，关注政府干预等制度环境和治理特色对于城市商业银行决策和金融资源配置的影响，能够为中国进一步深化供给侧结构性改革提供理论支持。

第3章

地方政府产业政策、城市商业银行贷款行业配置与不良贷款率

3.1 引言

相比其他行业，金融行业具有高风险特征，且存在更大的系统性风险。这是因为，金融行业通过金融资源配置与各个行业形成紧密联系。贷款的行业配置体现了金融资源在各个行业中的分配比例，对资源配置的有效性具有重要影响。因此，本章从贷款业务的贷款行业分布角度进行分析，探究城市商业银行贷款行业分布的影响因素和风险后果。已有研究表明，产业政策对中国的贷款行业配置具有重要影响。而城市商业银行的区域性经营特征使其更容易受到地方政府产业政策的影响。因此，本章选择从省级地方政府产业政策的角度分析城市商业银行贷款行业配置的影响因素和风险后果。

当前，中国金融行业正在开展金融领域的供给侧结构性改革。2019年2月22日，中共中央政治局就完善金融服务、防范金融风险举行第十三次集体学习，提出要"深化金融供给侧结构性改革，增强金融服务实体经济能力"。2月25日，新华社《经济参考报》刊发题为《全面深化金融供给侧结构性改革》的报道，指出此次集体学习凸显了金融业的国家战略地位，同时对深化金融供给侧结构性改革和金融风险防范提出了明确要求，其中包括："发力金融服务实体经济""发力金融体系结构优化""发力金融风险防范"。在金融机构中增加中小型银行机构比例是优化金融机构结构的重要途径,研究如何提高城市商业银行这一中小型银行代表的发展水平和金融资源配置效率对深化金融供给侧结构性改革具有重要意义。与大型商业银行和股份制商业银行相比,城市商业银行具有明显的地域特征,其市场定位是"服务地方经济、服务中小企业和服务城市居民",因此,提高城市商业银行的金融资源配置效率能够为地方金融服务实体经济提供保障。

为了促进经济发展,世界各国采取了各种形式的产业政策,但是产业政策的效果却具有显著差异(Robinson,2009)。中国的产业政策对产业间的资源分配具有重要作用(林毅夫和姜烨,2006;潘士远和金戈,2008),属于产业政策支持的企业往往具有更充足的信贷资源(Chen等,2017)。当金融资源配置的行业集中度较高时(刘春志和范尧熔,2015),容易引发系统性金融风险。但是,关于中国产业政策的研究主要以资金需求方——企业为研究对象,较少关注资金供给方——商业银行对产业政策的执行行为。因此,从商业银行的角度分析产业政策的资源配置效率能够为进一步防范金融风险提供理论证据。而且,城市商业银行由于其地域特征,更容易受到地方政府产业政策的影响。综上所述,研究地方政府产业政策对城市商业银行贷款行业配置的影响能够为金融服务实体经济、优化金融机构结构和防范系统性金融风险提供理论支持,也能为城市商业银行的未来发展提供建议。

在此背景下,本章利用手工收集的省级地方政府产业政策数据和城市商业银行数据,将发布产业政策的省份与城市商业银行注册地所在省份相匹配,研究了地方政府产业政策对城市商业银行贷款行业配置的影响。研究发现,在城市商业银行的前十大贷款客户中,属于省级地方政府产业政策支持行业的企业,其贷款额度在城市商业银行贷款总计中占比反而偏低。也就是说，地方政府产业政策会导致其他商业银行对城市商业银行贷款的挤出。为检验其影响机制，本章采用赫芬达尔指数（HHI）衡量省内商业银行集中度，并按省内银行市场集中度对样本进行分组回归。回归结果表明，在银行市场集中度较高的省份，大型商业银行和股份制商业银行对城市商业银行的相关行业贷款的挤出更显著。按省份年度首次开设分支机构新进入银行家数大小进行分组回归，结果与上述结论一致。进一步研究还发现，城市商业银行向地方政府产业政策支持行业企业发放的贷款越多，其不良贷款率越高。但是，对于实施高管薪酬延期支付政策的城市商业银行，向地方政府产业政策支持行业企业发放贷款不会导致城市商业银行不良贷款率的上升。

相比已有文献，本章的研究贡献主要体现在以下方面：第一，本章重点分析了地方政府产业政策对城市商业银行贷款行业配置和风险控制的影响，发现政策引导会使其他商业银行对城市商业银行的贷款业务产生挤出效应，说明商业银行向产业政策支持行业配置资源时存在竞争，拓展了从宏观政策到微观主体决策的理论分析框架（姜国华和饶品贵，2011）。同时，本章还发现城市商业银行投向地方政府产业政策支持行业企业的贷款量越高，不良贷款率越高，说明省级地方政府产业政策可能对金融资源配置效率造成不利影响，从资金供给方——商业银行的角度回应了"产业政策之争"。第二，本章选取城市商业银行作为研究对象，有助于了解商业银行，尤其是地方中小商业银行的金融资源配置效率。并且，城市商业银行既包括上市银行，也包括更广泛的非上市银行，有助于对商业银行进行更加深入的研究，为推进金融供给侧结构性改革提供理论证据。第三，本章的研究结论为城市商业银行改进金融资源配置效率提供了决策参考。虽然中国商业银行数量众多，但是商业银行的公司治理水平仍有待提高（李维安和曹廷求，2004；王朝弟，2007；曹廷求等，2010）。因此，研究中国的商业银行，必须同时关注政策环境和内部治理对商业银行行为决策的影响。城市商业银行在地方金融市场的金融资源配置中起着十分重要的作用，本章分析地方政府产业政策对城市商业银行金融资源配置的影响，以及外部市场结构和内部薪酬支付方式在其中发挥的调节作用，能够帮助城市商业银行在特定的政策环境下进行有效决策，进而提高金融资源配置效率。

本章其他部分的安排如下：第二部分提出研究假设，第三部分进行研究设计，第四部分为主要研究结果，第五部分为进一步检验，最后是研究结论。

3.2 研究假设

3.2.1 地方政府产业政策与城市商业银行贷款行业配置

地方政府产业政策可能会对城市商业银行的贷款行业配置产生双向影响。一方面，已有研究表明，产业政策会影响银行信贷和企业投融资行为（陆正飞和韩非池，2013；Chen 等，2017）。Chen 等（2017）发现，产业政策支持行业的企业银行长期借款平均水平显著高于其他行业。这说明，受到产业政策的引导作用，商业银行会向产业政策支持的行业企业发放更多贷款。城市商业银行的市场定位为"服务地方经济、服务中小企业和服务城市居民"，而且其大股东多为地方政府，更容易受到地方政府行为的影响（钱先航等，2011；李维安和钱先航，2012），因此，城市商业银行更有可能向地方政府产业政策支持的行业企业发放贷款。

另一方面，城市商业银行在信贷市场中面临着激烈竞争（张强等，2012；张杰等，2017）。据银监会统计①，截至2015年12月31日，大型商业银行总资产占银行业金融机构总资产的39.21%，股份制商业银行占银行业金融机构总资产的18.55%，城市商业银行总资产占银行业金融机构总资产的11.38%。由于存在市场进入壁垒和缺失有效退出机制，中国银行业同时呈现大银行垄断和低水平过度竞争的局面（袁鹰，2000），而股份制商业银行的网点布局明显优于大型商业银行和城市商业银行（张强等，2012）。因此，如果其他商业银行受到产业政策的引导（Chen等，2017），对地方政府产业政策支持行业企业发放大量贷款，则可能会影响城市商业银行贷款业务的发展，使得城市商业银行的相关贷款业务受到挤出，其面向地方政府产业政策支持行业企业的贷款规模则可能会降低。

基于上述分析，本章提出竞争性假设H3.1a和H3.1b：

H3.1a：相比不属于地方政府产业政策支持行业的贷款客户，城市商业银行中属于地方政府产业政策支持行业的贷款客户的贷款比例更高。

H3.1b：相比不属于地方政府产业政策支持行业的贷款客户，城市商业银行中属于地方政府产业政策支持行业的贷款客户的贷款比例更低。

3.2.2 地方政府产业政策、银行市场集中度与城市商业银行贷款行业配置

市场集中度能够反映企业的数目和相对规模的差异，体现了市场的竞争和垄断程度。市场集中度越高，则大企业的市场支配能力越强（Shepherd，1986）。在中国商业银行市场中，市场集中度越

---

① http://www.cbrc.gov.cn/chinese/home/docView/44E986F2C2344E508456A3D07BC885B6.html。

高,则大型商业银行的市场支配能力越强(袁鹰,2000;徐忠等,2009),股份制商业银行的投入(资产额、分支机构数量、员工人数)减去产出(营业收入、贷款总额)也明显高于城市商业银行(张强等,2012)。而且,新银行的加入会对原来的垄断者产生刺激作用(徐忠等,2009)。由于大型商业银行和股份制商业银行的市场地位更高,且能在更大的地域范围和更广的业务范围内提供相应的金融服务,企业也更愿意与大型商业银行和股份制商业银行建立业务联系(邓超等,2010)。产业政策支持的行业企业通常是商业银行争夺的重点(Chen等,2017)。因此,当银行市场集中度较高时,大型商业银行、股份制商业银行会利用其市场支配能力抢到更多的产业政策支持行业企业的信贷业务;相反,当银行市场集中度较低时,城市商业银行面临来自大型商业银行和股份制商业银行的竞争压力较小,其获得的产业政策支持行业企业的信贷业务占比将会提升。基于上述分析,本章进一步提出假设 H3.2:

H3.2:相比银行市场集中度较低的省份,在银行市场集中度较高的省份,城市商业银行对属于地方政府产业政策支持行业的贷款客户发放贷款的比例更低。

3.3 研究设计

3.3.1 研究样本

本章的研究样本为 2006—2015 年[①]的中国城市商业银行。本

---

① 本章的样本区间截止年份为 2015 年,这是因为"十一五"期间为 2006—2010 年,"十二五"期间为 2011—2015 年。采用两段期间进行研究,在实证检验中可以构建政策变动的外生冲击变量进行稳健性检验。

章中涉及的城市商业银行的贷款客户信息、财务信息、审计信息与公司治理信息等数据来源于各城市商业银行官方网站发布的年报。在收集银行年报披露的前十大贷款客户数据后，本章进一步利用"天眼查"网络工具①检索贷款客户的所属行业信息，最终获得347个"年度－银行"观测值，和3470个"年度－银行－贷款客户"观测值。

本章的地方政府产业政策数据来源于各省政府发布的各省、自治区、直辖市的《国民经济和社会发展第十一个五年规划纲要》与《国民经济和社会发展第十二个五年规划纲要》。

3.3.2 研究设计

本章以城市商业银行为研究对象，从产业政策的视角分析制度环境对于商业银行贷款行业配置的影响。研究样本期间从2006年至2015年，为"十一五"（2006—2010年）和"十二五"（2011—2015年）期间。

1. 产业政策

根据各个省级政府《国民经济和社会发展第十一个五年规划纲要》和《国民经济和社会发展第十二个五年规划纲要》的规定，参考祝继高等（2015a），本书将中国证监会《上市公司行业分类指引》中的行业门类分为省级政府重点支持和明确鼓励发展的行业，以及非省级政府重点支持和明确鼓励发展的行业。如果贷款客户所属的行业是城市商业银行注册地省份的省级政府重点支持和明确鼓励发展的行业（即为"地方政府产业政策支持行业"），则SUPPORT取值为1，否则SUPPORT取值为0。

本书采用"年度－银行－贷款客户"的数据结构研究省级地

---

① "天眼查"是国家中小企业发展基金旗下的官方备案企业征信机构，其企业信息查询网站网址为：https：//www.tianyancha.com/。

第3章 地方政府产业政策、城市商业银行贷款行业配置与不良贷款率

方政府产业政策对城市商业银行贷款行业配置的影响,回归模型如下:

$$CLIENT\_RATIO = \beta_0 + \beta_1 SUPPORT + 贷款客户控制变量 + 城市商业银行控制变量 + 年度固定效应 + 银行固定效应 + 客户行业固定效应 + \varepsilon \quad (3-1)$$

其中,CLIENT_RATIO 为客户贷款额度占城市商业银行该年度贷款总计的比例。

2. 银行市场集中度

在分析地方政府产业政策对于城市商业银行贷款行业配置的影响时,本章还关注不同银行市场集中度条件下贷款行业配置的差异。参考已有研究,本书构建了衡量省级银行市场集中度的赫芬达尔指数(HHI_PROV)。

本章在回归模型中还控制了贷款客户的产权性质(CLIENT_STATE)、贷款额度排名(CLENT_RANK)、所属行业(CLENT_INDUSTRY)、城市商业银行的资产规模(SIZE)、资产负债率(LEV)、资本充足率(CAR)、贷款比率(LOAN)、银行审计师特征(BIG4)、产权性质(STATE)和是否上市(LIST)。为了控制其他潜在变量的影响,本章还在模型中控制了年度固定效应和银行固定效应,且标准误按银行和年度进行聚类(Petersen,2009),并经异方差修正。各变量的定义见表3-1。

表3-1　　　　　　　　变量定义

变量名称	变量定义
产业政策变量	
SUPPORT	如果贷款客户所属行业是省级地方政府产业政策明确鼓励或重点支持的行业,则取值为1,否则为0
前十大贷款客户变量	
CLIENT_RATIO	贷款客户贷款总计/城市商业银行贷款总计

续表

变量名称	变量定义
CLIENT_STATE	如果贷款客户的控股股东为国有法人,则取值为1,否则为0
CLENT_RANK	贷款客户贷款总额在城市商业银行前十大贷款客户中的排名
CLENT_INDUSTRY	贷款客户所属行业(控制虚拟变量)
银行变量	
SIZE	Ln(总资产)
LEV	负债总计/资产总计
CAR	资本充足率
LOAN	贷款总计/资产总计
BIG4	如果审计城市商业银行的会计师事务所是"四大",则取值为1,否则为0
STATE	如果控股股东为国有法人,则取值为1,否则为0
LIST	若已在A股或H股上市,则取值为1,否则为0

3.3.3 描述性统计

表3-2为各变量在年度-银行-贷款客户水平上的描述性统计。由表3-2可知,SUPPORT的均值为0.782,说明城市商业银行的前十大贷款客户中平均有78.2%的企业属于受省级地方政府产业政策支持的行业。CLIENT_RATIO的均值为0.012,说明前十大贷款客户中单一客户贷款占贷款总额比例约1.2%。

表3-2   描述性统计

变量名称	观测值	平均值	标准差	最小值	最大值
SUPPORT	3470	0.782	0.413	0.000	1.000
CLIENT_RATIO	3470	0.012	0.016	0.000	0.528
CLIENT_STATE	3470	0.556	0.497	0.000	1.000

续表

变量名称	观测值	平均值	标准差	最小值	最大值
CLIENT_RANK	3470	5.500	2.873	1.000	10.000
SIZE	3470	17.428	1.150	14.749	20.413
LEV	3470	0.929	0.044	0.585	0.982
CAR	3470	0.127	0.032	0.040	0.340
LOAN	3470	0.497	0.101	0.263	0.690
BIG4	3470	0.216	0.412	0.000	1.000
STATE	3470	0.810	0.393	0.000	1.000
LIST	3470	0.023	0.150	0.000	1.000

由于本书样本中，每家城市商业银行每年度都具有10个贷款客户观测值，因此表3-2中城市商业银行特征变量的均值具有经济意义。BIG4的均值为0.216，说明样本中21.6%的城市商业银行选择了"四大"会计师事务所进行审计；STATE的均值为81.0%，说明样本中81.0%的城市商业银行的第一大股东具有国有背景；LIST的均值为0.023，说明样本中2.3%的城市商业银行已在A股或H股上市。

表3-3为主要变量相关系数。SUPPORT与CLIENT_RATIO的相关系数为-0.080，且在1%的水平上显著，说明地方政府产业政策支持与城市商业银行贷款客户贷款比例呈负相关关系，初步支持了本章的假设H3.1b。STATE与CLIENT_RATIO的相关系数为正，且在1%的水平上显著，说明国有城市商业银行对地方政府产业政策支持企业的贷款发放量更高。由于前十大贷款客户的贷款占比越高，商业银行的贷款集中度越高，因此上述结果表明，国有城市商业银行的贷款集中度更高，与祝继高等（2012）的研究结论一致，说明论文的样本选择具有合理性。

表 3 - 3　主要变量相关系数

变量名称	1	2	3	4	5	6	7	8	9	10	11
SUPPORT	1										
CLIENT_RATIO	-0.080***	1									
CLIENT_STATE	-0.019	0.094***	1								
CLIENT_RANK	0.018	-0.249***	-0.101***	1							
SIZE	0.019	-0.238***	0.057***	0.000	1						
LEV	-0.046***	-0.020	0.029*	0.000	0.146***	1					
CAR	0.037**	-0.110***	-0.027	-0.000	0.109***	-0.276***	1				
LOAN	0.025	0.038**	0.021	-0.000	-0.413***	0.000	-0.238***	1			
BIG4	0.018	-0.150***	0.060***	0.000	0.542***	0.029*	-0.011	-0.091***	1		
STATE	-0.059***	0.105***	0.116***	0.000	0.005	-0.026	-0.034**	-0.135***	-0.120***	1	
LIST	-0.054***	-0.045***	0.106***	-0.000	0.296***	-0.032*	0.247***	-0.065***	0.199***	-0.219***	1

注：*10%水平上显著，**5%水平上显著，***1%水平上显著。

3.4 主要研究结果

3.4.1 地方政府产业政策与城市商业银行贷款行业配置

在表 3-4 中，本章主要分析了地方政府产业政策对城市商业银行贷款行业配置的影响。由回归结果可知，SUPPORT 的回归系数为 -0.001，且在 5% 的水平上显著。这一结果说明，当某一省份某一行业受到省级地方政府产业政策支持时，注册地位于该省的城市商业银行的该行业贷款客户的贷款占城市商业银行贷款总额的比例反而会降低。这一结论支持了本书的假设 H3.1b，即相比不属于地方政府产业政策支持行业的贷款客户，城市商业银行中属于地方政府产业政策支持行业的贷款客户的贷款比例会偏低 0.1%。

表 3-4　地方政府产业政策与城市商业银行贷款行业配置

变量名称	CLIENT_RATIO
	(1)
SUPPORT	-0.001**
	(0.02)
CLIENT_STATE	-0.000
	(0.51)
CLENT_RANK	-0.001***
	(0.01)
SIZE	-0.005**
	(0.03)
LEV	-0.009
	(0.15)
CAR	-0.003*
	(0.05)

续表

变量名称	CLIENT_RATIO (1)
LOAN	-0.001 (0.91)
BIG4	0.001 (0.52)
STATE	-0.005 (0.65)
LIST	0.001 (0.75)
Constant	0.120*** (0.00)
年度效应	控制
银行效应	控制
客户行业效应	控制
观测值	3470
Adjusted R^2	0.261

注：括号内为 p 值，且标准误按银行和年度进行聚类，并经异方差修正（下同）；*10%水平上显著，**5%水平上显著；***1%水平上显著（下同）。

表 3-4 的结果表明，在地方政府产业政策的引导下，虽然商业银行会将贷款配置到产业政策支持行业企业中，但是当在信贷市场中供（商业银行贷款）大于求（企业融资需求）时，因此会对城市商业银行贷款产生挤出，反而会降低城市商业银行对地方政府产业政策支持行业企业的贷款配置。

表 3-4 的回归结果中，CLENT_RANK 的回归系数显著为负，因为 CLENT_RANK 是贷款客户贷款总额在城市商业银行前十大贷款客户中的排名，因此排名越靠前（CLIENT_RANK 越小），贷款

比例越高（CLIENT_RATIO 越大）。SIZE 和 BIG4 的回归系数均显著为负，说明规模较大的城市商业银行和由"四大"审计的城市商业银行，客户贷款集中度较低。其他控制变量的回归系数均不显著，这可能是由于本章在模型中加入了银行固定效应，因此有关银行特征的控制变量对因变量的影响已被有效控制。

为了进一步体现城市商业银行贷款客户中，受地方政府产业政策支持企业的贷款比例降低是由于城市商业银行相关贷款业务受到挤出，而不是该类企业本身贷款需求降低，负债水平下降，本章收集了城市商业银行前十大贷款客户的资产负债信息。由于城市商业银行的前十大贷款客户中大部分企业未上市，披露信息不完善，因此本章将 2006—2015 年曾出现在城市商业银行前十大贷款客户中的企业分别与城投公司数据库和中国工业企业数据库中的数据进行匹配，图 3-1 为匹配后的城市商业银行前十大贷款客户中城投公司的银行借款〔（短期借款+长期借款）/总资产〕变化；图 3-2 为匹配后的工业企业的资产负债率①（总负债/总资产）变化。

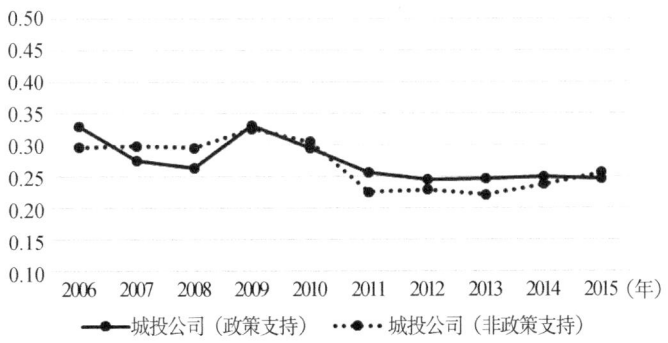

图 3-1 城市商业银行前十大贷款客户中城投公司的银行借款变化

---

① 衡量企业贷款规模时，采用短期借款和长期借款（有息负债）占总资产比例之和更为恰当。但是，由于中国工业企业数据库中缺乏详细的企业负债数据，因此以资产负债率替代。

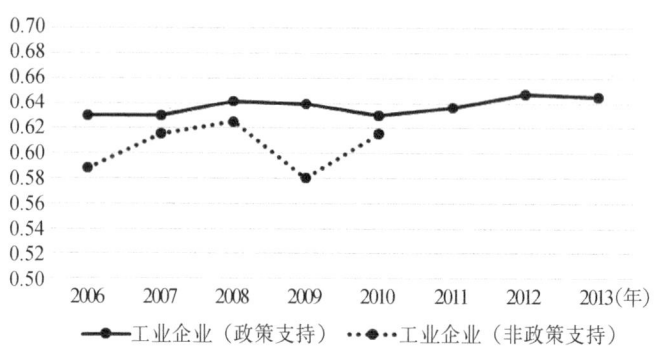

图3-2 城市商业银行前十大贷款客户中工业企业的资产负债率变化①

图3-1表明,在"十一五"期间,受地方政府产业政策支持的城投公司的银行借款与未受地方政府产业政策支持的城投公司的银行借款基本保持持平;在"十二五"期间,受地方政府产业政策支持的城投公司的银行借款略高于未受地方政府产业政策支持的城投公司的银行借款。图3-2表明,受地方政府产业政策支持的工业企业的资产负债率普遍高于未受地方政府产业政策支持的工业企业的资产负债率,且受地方政府产业政策支持的工业企业的资产负债率较为平稳,没有明显的下降趋势。图3-1和图3-2进一步表明,城市商业银行贷款客户中,受地方政府产业政策支持企业的贷款比例下降是因为城市商业银行的贷款业务受到其他商业银行的挤出效应。

3.4.2 地方政府产业政策、银行市场集中度与城市商业银行贷款行业配置

表3-5报告了按省级银行市场集中度的HHI指数大小对总样本

---

① 工业企业数据库截止日期为2013年,因此图中的工业企业资产负债率数据的时间跨度为2006—2013年,且样本中的工业企业在2011年及以后均属于地方政府产业政策支持行业,因此非产业政策支持行业工业企业的时间跨度仅为2006—2010年。

进行分组的回归结果,其结果进一步验证了地方政府产业政策对商业银行贷款的引导会导致其他商业银行对城市商业银行贷款的挤出效应。在模型（1）中，SUPPORT 的回归系数不显著；在模型（2）中，SUPPORT 的回归系数为 -0.001，且在5%的水平上显著。这一结果表明，相比银行市场集中度较低的省份，在银行市场集中度较高的省份，城市商业银行对属于地方政府产业政策支持行业的贷款客户发放贷款的比例更低，支持了本章的假设 H3.2。也就是说，在银行市场集中度较高的省份，大型商业银行和股份制商业银行对城市商业银行贷款业务的不利影响更严重，说明城市商业银行对地方政府产业政策支持行业企业贷款比例的降低是由于挤出效应的影响。

表3-5 地方政府产业政策与城市商业银行贷款行业配置（按 HHI_PROV 分组）

变量名称	CLIENT_RATIO	
	（1）	（2）
	HHI_PROV < 中位数	HHI_PROV > 中位数
SUPPORT	-0.001	-0.001**
	(0.26)	(0.03)
CLIENT_STATE	0.001	-0.001**
	(0.41)	(0.04)
CLENT_RANK	-0.001***	-0.002***
	(0.01)	(0.01)
SIZE	-0.008***	-0.006
	(0.00)	(0.17)
LEV	0.005	-0.009
	(0.79)	(0.12)
CAR	0.001	0.001
	(0.73)	(0.49)
LOAN	0.003	-0.016
	(0.79)	(0.36)

续表

变量名称	CLIENT_RATIO	
	(1) HHI_PROV < 中位数	(2) HHI_PROV > 中位数
BIG4	0.004**	-0.002
	(0.04)	(0.59)
STATE	-0.004	-0.018
	(0.88)	(0.24)
LIST	0.022**	0.006**
	(0.04)	(0.02)
Constant	0.139***	0.159*
	(0.00)	(0.07)
年度效应	控制	控制
银行效应	控制	控制
客户行业效应	控制	控制
观测值	1730	1740
Adjusted R^2	0.143	0.389

为了进一步验证城市商业银行前十大贷款客户中，地方政府产业政策支持行业企业的贷款比例降低是由于导致其他商业银行对城市商业银行的挤出，本章利用银监会发布的金融许可证机构持有证列表计算2006—2015年各省每年首次开设分支机构的新进入商业银行家数，并将其与该省该年度总银行家数的比值作为分组变量重新对全样本进行分组。新银行的加入可以降低市场集中度，对原来的垄断者产生刺激作用（徐忠等，2009）。因此，在新银行进入家数较多的省份，尤其是原有银行家数较少的省份，挤出效应会更显著。表3-6分析了按商业银行进入家数与总银行家数的比值分组后，地方政府产业政策对城市商业银行贷款行业配置的影响。

表3-6中，模型（1）的SUPPORT的回归系数不显著；模型

(2) 的 SUPPORT 回归系数为 -0.001，且在 5% 的水平上显著，说明当某省某年度商业银行进入家数较多时，该省城市商业银行前十大贷款客户中地方政府产业政策支持行业企业的贷款比例更低，进一步验证了城市商业银行相关贷款客户贷款比例的降低源于其他商业银行对城市商业银行贷款业务的挤出。

表 3-6　地方政府产业政策与城市商业银行贷款行业配置
（按商业银行新进入家数分组）

变量名称	CLIENT_RATIO	
	（1）	（2）
	商业银行新进入家数 < 中位数	商业银行新进入家数 > 中位数
SUPPORT	-0.000	-0.001**
	(0.40)	(0.02)
CLIENT_STATE	-0.000	-0.000
	(0.83)	(0.52)
CLENT_RANK	-0.001***	-0.002**
	(0.01)	(0.01)
SIZE	-0.009*	-0.004
	(0.05)	(0.19)
LEV	-0.021	-0.017*
	(0.19)	(0.09)
CAR	0.000	-0.001
	(0.88)	(0.57)
LOAN	-0.007	-0.006
	(0.71)	(0.62)
BIG4	0.004	0.005**
	(0.53)	(0.04)
STATE	-0.064*	-0.004
	(0.05)	(0.77)

续表

变量名称	CLIENT_RATIO	
	(1)	(2)
	商业银行新进入家数 < 中位数	商业银行新进入家数 > 中位数
LIST	0.037 *	-0.001
	(0.10)	(0.71)
Constant	0.189 **	0.113 *
	(0.01)	(0.06)
年度效应	控制	控制
银行效应	控制	控制
客户行业效应	控制	控制
观测值	1740	1730
Adjusted R^2	0.167	0.448

3.4.3 稳健性检验

1. 控制国家产业政策和跨省经营的影响

在研究产业政策的经济后果时,已有研究发现国家层面的产业政策能够对微观企业行为产生影响(陆正飞和韩非池,2013;黎文靖和李耀淘,2014;黎文靖和郑曼妮,2016;王克敏等,2017;陈冬华和姚振晔,2018;杨继东和罗路宝,2018;杨兴全等,2018)。因此,本章进一步收集并整理了国家"十一五""十二五"规划中的产业政策信息,并在模型中控制了国家产业政策效应(National_SUPPOT:如果贷款客户所属行业是国家"十一五"或"十二五"规划明确鼓励或重点支持的行业,则取值为1,否则为0)。

虽然城市商业银行的贷款业务主要集中于注册地所在省份,但是部分城市商业银行已在注册地所在省外建立分支机构,其贷款业务会受到跨省经营的影响。因此,本书还在模型中控制了是否跨省经营特征(EXPAND:若城市商业银行已实现跨省经营,则取值为

第 3 章 地方政府产业政策、城市商业银行贷款行业配置与不良贷款率

1，否则为 0），对样本重新进行回归。表 3-7 报告了回归结果。

表 3-7　地方政府产业政策、国家产业政策与城市商业银行贷款行业配置

变量名称	CLIENT_RATIO				
	（1）	（2） HHI_PROV <中位数	（3） HHI_PROV >中位数	（4） 商业银行新进入家数 <中位数	（5） 商业银行新进入家数 >中位数
SUPPORT	-0.001** (0.01)	-0.001 (0.26)	-0.001** (0.02)	-0.000 (0.63)	-0.001** (0.02)
National_SUPPORT	-0.002 (0.22)	-0.001 (0.51)	-0.002 (0.36)	-0.003 (0.23)	-0.001 (0.42)
CLIENT_STATE	-0.000 (0.51)	0.001 (0.40)	-0.001** (0.03)	-0.000 (0.82)	-0.000 (0.54)
CLENT_RANK	-0.001*** (0.01)	-0.001*** (0.01)	-0.002*** (0.01)	-0.001*** (0.01)	-0.002** (0.01)
SIZE	-0.005** (0.03)	-0.006* (0.05)	-0.007 (0.13)	-0.009** (0.05)	-0.005* (0.08)
LEV	-0.009 (0.17)	0.005 (0.78)	-0.008 (0.16)	-0.022 (0.15)	-0.017* (0.09)
CAR	-0.002* (0.06)	0.000 (0.76)	0.001 (0.60)	0.000 (0.70)	-0.001 (0.63)
LOAN	-0.002 (0.85)	0.003 (0.78)	-0.019 (0.27)	-0.008 (0.66)	-0.007 (0.57)
BIG4	0.001 (0.51)	0.003* (0.06)	-0.002 (0.59)	0.004 (0.54)	0.005** (0.02)

续表

变量名称	CLIENT_RATIO				
	(1)	(2)	(3)	(4)	(5)
		HHI_PROV <中位数	HHI_PROV >中位数	商业银行新进入家数 <中位数	商业银行新进入家数 >中位数
STATE	-0.006	-0.004	-0.017	-0.066**	-0.005
	(0.58)	(0.88)	(0.21)	(0.05)	(0.68)
LIST	0.001	0.017*	0.006***	0.039*	-0.000
	(0.67)	(0.10)	(0.01)	(0.09)	(0.89)
EXPAND	0.001	-0.003	0.004**	-0.001	0.001
	(0.58)	(0.32)	(0.03)	(0.58)	(0.57)
Constant	0.125***	0.109**	0.167*	0.195**	0.124**
	(0.01)	(0.02)	(0.06)	(0.01)	(0.02)
年度效应	控制	控制	控制	控制	控制
银行效应	控制	控制	控制	控制	控制
客户行业效应	控制	控制	控制	控制	控制
观测值	3470	1730	1740	1740	1730
Adjusted R^2	0.262	0.143	0.391	0.167	0.448

表3-7的模型（1）中，SUPPORT的回归系数为-0.001，且在5%的水平上显著；National_SUPPORT的回归系数不显著，说明城市商业银行的贷款业务更容易受到地方政府产业政策的影响，进一步支持了本章的假设H3.1b。模型（2）和模型（3）为按省级银行市场集中度进行分组的回归结果，模型（2）中，SUPPORT的回归系数不显著；模型（3）中，SUPPORT的回归系数为-0.001，且在5%的水平上显著，该结果与表3-5的结果一致，进一步支持了本章的假设H3.2。模型（4）和模型（5）为按商业银行新进

入家数进行分组的回归结果,模型(4)中,SUPPORT 的回归系数不显著;模型(5)中,SUPPORT 的回归系数为 -0.001,且在 5% 的水平上显著,该结果与表 3-6 的结果一致。表 3-7 的结果表明,本章的结论是稳健的。

2. 以"十一五"和"十二五"规划中产业政策的变化为外生冲击

鉴于规划纲要每五年颁布一次,而"十一五"规划截止年度为 2010 年,"十二五"规划起始年度为 2011 年。因此,从 2010 年到 2011 年,产业政策的变化可以作为外生冲击,检验贷款客户所属行业受产业政策的影响变化对城市商业银行贷款业务的影响。本章进一步构建了 SHOCK 变量(若"十一五"规划中,行业受到产业政策支持,而"十二五"规划中,行业未受到产业政策支持,则 SHOCK 取值为 -1;若"十一五"规划中,行业受到产业政策支持,而"十二五"规划中,行业也受到产业政策支持,则 SHOCK 取值为 0;若"十一五"规划中,行业未受到产业政策支持,而"十二五"规划中,行业也未受到产业政策支持,则 SHOCK 取值为 0;若"十一五"规划中,行业未受到产业政策支持,而"十二五"规划中,行业受到产业政策支持,则 SHOCK 取值为 1),并构建了如下回归模型,对 2010—2011 年的样本进行回归:

$$\text{CLIENT\_RATIO} = \beta_0 + \beta_1 \text{SHOCK} + 贷款客户控制变量 + 城市商业银行控制变量 + 年度固定效应 + 银行固定效应 + 客户行业固定效应 + \varepsilon \qquad (3-2)$$

表 3-8 报告了回归结果。其中,SHOCK 的回归系数为 -0.001,且在 1% 的水平上显著,说明地方政府产业政策变化后,相比之前未受产业政策支持的贷款客户,之后受到产业政策支持的贷款客户在城市商业银行中的客户贷款比例更低,进一步支持了本章的研究结论,说明本章的研究结论是稳健的。

表3-8 地方政府产业政策变化与城市商业银行贷款行业配置

变量名称	CLIENT_RATIO
	(1)
SHOCK	-0.001***
	(0.00)
CLIENT_STATE	0.000
	(0.46)
CLENT_RANK	-0.000***
	(0.00)
SIZE	0.004
	(0.23)
LEV	-0.002
	(0.55)
CAR	-0.003**
	(0.05)
LOAN	0.008
	(0.39)
BIG4	0.000
	(0.80)
STATE	-0.065***
	(0.00)
LIST	-0.019
	(0.20)
Constant	-0.045
	(0.43)
年度效应	控制
银行效应	控制
客户行业效应	控制
观测值	840
Adjusted R^2	0.511

3. 以"银行-年度-贷款行业"数据结构进行回归

城市商业银行前十大贷款客户中,大部分企业披露信息不完整。虽然本章利用"天眼查"网络工具手工检索贷款客户的所属行业信息和股权信息,但是企业的其他财务信息、公司治理信息等无法在回归模型中加以控制。因此,作为稳健性检验,本章采用"银行-年度-贷款行业"数据结构进行回归,进一步检验地方政府产业政策对城市商业银行贷款行业配置的影响,回归模型如下:

TOP10_INDUSTRY_RATIO/INDUSTRY_RATIO = β_0 + β_1SUPPORT _INDUSTRY + 城市商业银行控制变量 + 年度固定效应 + 银行固定效应 + 行业固定效应 + ε　　　　　　　　　　　　(3-3)

其中,被解释变量 TOP10_INDUSTRY_RATIO 为城市商业银行前十大贷款客户中,某行业贷款占城市商业银行贷款总额的比例,INDUSTRY_RATIO 为城市商业银行某行业贷款占城市商业银行贷款总额的比例。如果该贷款行业是地方政府产业政策支持的行业,则取值为1,否则为0。回归模型中,本章还控制了该贷款行业在城市商业银行所有贷款行业中的贷款占比排名 INDUSTRY_RANK。其他控制变量与本章的主回归模型[公式(3-1)]的控制变量相同。表3-9报告了回归结果。

表3-9的模型(1)中,SUPPORT_INDUSTRY 的回归系数为-0.004,且在1%的水平上显著;模型(2)中,SUPPORT_INDUSTRY 的回归系数为-0.009,且在1%的水平上显著。这一结果说明,当某一省份某一行业受到地方政府产业政策支持时,注册地位于该省的城市商业银行的该行业贷款占比会更低,即相比不属于地方政府产业政策支持的行业,属于地方政府产业政策支持行业的贷款在城市商业银行的企业贷款中占比更低,这一结论与表3-4的回归结果一致,进一步支持了本章假设 H3.1b。

表 3-9　地方政府产业政策与城市商业银行贷款行业配置
（"银行-年度-贷款行业"数据结构）

变量名称	TOP10_INDUSTRY_RATIO (1)	INDUSTRY_RATIO (2)
SUPPORT_INDUSTRY	-0.004***	-0.009***
	(0.00)	(0.01)
SIZE	-0.008*	-0.004
	(0.06)	(0.24)
LEV	-0.029**	-0.183***
	(0.01)	(0.01)
CAR	-0.005*	-0.006**
	(0.05)	(0.02)
LOAN	-0.007	-0.043**
	(0.80)	(0.03)
BIG4	0.002	0.001
	(0.67)	(0.77)
STATE	-0.029	-0.058**
	(0.32)	(0.05)
LIST	0.016**	-0.004
	(0.02)	(0.36)
INDUSTRY_RANK	-0.000	-0.020***
	(0.54)	(0.00)
Constant	0.211**	0.461***
	(0.01)	(0.00)
年度效应	控制	控制
银行效应	控制	控制
行业效应	控制	控制
观测值	1783	2950
Adjusted R^2	0.243	0.695

表 3-10 按反映省级银行市场集中度的 HHI_PROV 指标对样本进行分组,其结果与表 3-5 的回归结果一致,进一步验证了地方政府产业政策对商业银行贷款的引导会导致其他商业银行对城市商业银行贷款的挤出效应。

表 3-10 　地方政府产业政策与城市商业银行贷款行业配置
("银行-年度-贷款行业"数据结构、按 **HHI_PROV** 分组)

变量名称	TOP10_INDUSTRY_RATIO		INDUSTRY_RATIO	
	(1)	(2)	(3)	(4)
	HHI_PROV <中位数	HHI_PROV >中位数	HHI_PROV <中位数	HHI_PROV >中位数
SUPPORT_INDUSTRY	-0.002 (0.14)	-0.006** (0.02)	0.003 (0.57)	-0.016*** (0.01)
SIZE	-0.018*** (0.00)	-0.008 (0.23)	-0.000 (0.98)	0.017 (0.31)
LEV	-0.036 (0.51)	-0.012 (0.41)	-0.231* (0.06)	-0.036 (0.81)
CAR	0.004 (0.23)	0.003 (0.51)	-0.012** (0.01)	0.001 (0.79)
LOAN	-0.007 (0.78)	-0.025 (0.58)	-0.047 (0.14)	0.054 (0.26)
BIG4	0.009** (0.03)	-0.006 (0.44)	0.004 (0.46)	-0.006 (0.24)
STATE	-0.054 (0.34)	-0.049 (0.20)	-0.079 (0.18)	0.016 (0.87)
LIST	0.048** (0.03)	0.029*** (0.00)	-0.003 (0.32)	0.000 (0.97)
INDUSTRY_RANK	-0.000 (0.93)	-0.000 (0.35)	-0.019*** (0.00)	-0.021*** (0.00)

续表

变量名称	TOP10_INDUSTRY_RATIO		INDUSTRY_RATIO	
	(1)	(2)	(3)	(4)
	HHI_PROV <中位数	HHI_PROV >中位数	HHI_PROV <中位数	HHI_PROV >中位数
Constant	0.355***	0.216*	0.429**	-0.086
	(0.00)	(0.08)	(0.02)	(0.82)
年度效应	控制	控制	控制	控制
银行效应	控制	控制	控制	控制
客户行业效应	控制	控制	控制	控制
观测值	883	900	1457	1493
Adjusted R^2	0.191	0.284	0.723	0.672

表3-10的模型（1）中，SUPPORT_INDUSTRY的回归系数不显著；模型（2）中，SUPPORT的回归系数为-0.006，且在5%的水平上显著；模型（3）中，SUPPORT_INDUSTRY的回归系数不显著；模型（4）中，SUPPORT_INDUSTRY的回归系数为-0.016，且在1%的水平上显著。这一结果表明，相比银行市场集中度较低的省份，在银行市场集中度较高的省份，城市商业银行对属于地方政府产业政策支持的行业发放贷款的比例更低，进一步支持了假设H3.2。也就是说，在银行市场集中度较高的省份，大型商业银行和股份制商业银行对城市商业银行行业贷款的影响更严重，说明城市商业银行对政策支持贷款行业的贷款比例降低是由于受到其他商业银行挤出效应的影响。

表3-11分析了按商业银行进入家数与总银行家数的比值分组后，地方政府产业政策对城市商业银行贷款行业配置的影响。表3-11中，模型（1）的SUPPORT_INDUSTRY回归系数不显著；模型（2）的SUPPORT_INDUSTRY回归系数为-0.005，且在5%的水平上显著；模型（3）的SUPPORT_INDUSTRY回归系数不显著；模型（4）的SUPPORT_INDUSTRY回归系数为-0.010，且在

5%的水平上显著,说明当某省某年度商业银行进入家数较多时,该省城市商业银行对地方政府产业政策支持的行业贷款比例更低。表3-11的回归结果与表3-6的回归结果一致,进一步验证了城市商业银行中,地方政府产业政策支持行业的贷款比例降低源于其他商业银行对城市商业银行贷款业务的挤出效应。

表3-11 地方政府产业政策与城市商业银行贷款行业配置
("银行-年度-贷款行业"数据结构、按商业银行新进入家数分组)

变量名称	TOP10_INDUSTRY_RATIO		INDUSTRY_RATIO	
	(1)	(2)	(3)	(4)
	商业银行新进入家数<中位数	商业银行新进入家数>中位数	商业银行新进入家数<中位数	商业银行新进入家数>中位数
SUPPORT_INDUSTRY	-0.001 (0.45)	-0.005** (0.01)	-0.011 (0.11)	-0.010** (0.05)
SIZE	-0.006 (0.49)	-0.013* (0.06)	0.034*** (0.00)	-0.022** (0.04)
LEV	-0.021 (0.60)	-0.044* (0.07)	-0.122 (0.29)	-0.163 (0.11)
CAR	0.006 (0.42)	-0.001 (0.89)	-0.014*** (0.01)	-0.011** (0.03)
LOAN	0.009 (0.88)	-0.008 (0.80)	0.008 (0.64)	-0.044 (0.10)
BIG4	0.007 (0.55)	0.012** (0.04)	-0.007** (0.04)	-0.001 (0.92)
STATE	-0.098 (0.16)	-0.055 (0.12)	-0.118 (0.21)	-0.102** (0.01)
LIST	0.019 (0.65)	0.020* (0.09)	0.011** (0.03)	-0.007 (0.38)

续表

变量名称	TOP10_INDUSTRY_RATIO		INDUSTRY_RATIO	
	(1)	(2)	(3)	(4)
	商业银行新进入家数<中位数	商业银行新进入家数>中位数	商业银行新进入家数<中位数	商业银行新进入家数>中位数
INDUSTRY_RANK	-0.000	0.000	-0.019***	-0.022***
	(0.57)	(0.54)	(0.00)	(0.00)
Constant	0.170	0.305**	-0.244**	0.815***
	(0.22)	(0.01)	(0.03)	(0.00)
年度效应	控制	控制	控制	控制
银行效应	控制	控制	控制	控制
客户行业效应	控制	控制	控制	控制
观测值	892	891	1457	1493
Adjusted R^2	0.173	0.355	0.691	0.698

3.5 进一步检验——不良贷款率

3.5.1 城市商业银行贷款行业配置与不良贷款率

产业政策是否能够提高资源配置效率目前仍然存在争议。瞿宛文（2009）认为，产业政策是在不断的"制定—实施/违背—检讨/博弈—修订"过程中重复，因为中央政府不是政策直接执行单位，因此不易掌握市场动态，制定出的政策可能缺乏可行性，从而导致产业发展困难。宋凌云和王贤彬（2013）研究发现，中国各省的五年规划中涉及的重点产业政策总体上提高了政策支持产业的生产率，但是，这一积极影响在不同产业类型中具有显著差异。祝

第3章 地方政府产业政策、城市商业银行贷款行业配置与不良贷款率

继高等（2015b）发现，产业政策会对银行关联董事的监督动机和能力产生影响：当贷款企业属于产业政策支持的行业时，银行关联董事的监督动机较弱；而当贷款企业不属于产业政策支持的行业时，银行关联董事的监督动机较强，更容易发挥监督能力。基于上述分析，本章进一步探究地方政府产业政策支持行业企业的贷款对银行不良贷款率的影响。

本章采用 OLS 回归模型，通过公式（3-4）分析投向城市商业银行前十大贷款客户中地方政府产业政策支持行业贷款占贷款总额的比重（SUPPORT_RATIO）对于银行不良贷款率（NPL）的影响，回归样本为"年度-银行"观测值。

$$NPL = \beta_0 + \beta_1 SUPPORT\_RATIO + 城市商业银行控制变量 + 年度固定效应 + 银行固定效应 + \varepsilon \quad (3-4)$$

表 3-12 报告了回归结果。其中，SUPPORT_RATIO 的回归系数为 0.035，且在 1% 的水平上显著，说明城市商业银行投向地方政府产业政策支持行业企业的贷款比例越高，其不良贷款率越高。

表 3-12　城市商业银行贷款行业配置与不良贷款率

变量名称	NPL
	（1）
SUPPORT_RATIO	0.035***
	（0.00）
SIZE	0.007**
	（0.01）
LEV	-0.025*
	（0.06）
CAR	-0.062***
	（0.00）
LOAN	0.024**
	（0.02）

续表

变量名称	NPL (1)
BIG4	-0.001
	(0.75)
STATE	0.005*
	(0.05)
LIST	0.015
	(0.16)
Constant	-0.084
	(0.10)
年度效应	控制
银行效应	控制
观测值	347
Adjusted R^2	0.762

3.5.2 银行市场集中度、城市商业银行贷款行业配置与不良贷款率

当城市商业银行处于银行市场集中度较低的地区时,其他商业银行对城市商业银行的挤出效应较弱,城市商业银行会更积极地与大型商业银行和股份制商业银行争抢产业政策支持行业企业的贷款业务。因此,为进一步检验城市商业银行向产业政策行业发放贷款是贷款行业配置影响不良贷款率的原因,本节进一步按省级银行市场集中度的 HHI 指数大小对总样本进行分组后进行回归,表3-13报告了回归结果。

表3-13的模型(1)和模型(2)是按省份银行市场集中度高低分组后的回归结果。模型(1)中,SUPPORT_RATIO 的回归系数为 0.032,且在 1% 的水平上显著;模型(2)中,SUPPORT_RATIO 的回归系数不显著,这一结果说明当城市商业银行处于银

行市场集中度较低的地区时,投向地方政府产业政策支持行业企业的贷款越高,不良贷款率越高。

表3-13 银行市场集中度、城市商业银行贷款行业配置与不良贷款率

变量名称	NPL	
	(1) HHI_PROV < 中位数	(2) HHI_PROV > 中位数
SUPPORT_RATIO	0.032***	0.017
	(0.00)	(0.29)
SIZE	0.008**	0.007*
	(0.02)	(0.07)
LEV	-0.064**	0.019
	(0.01)	(0.20)
CAR	-0.154***	-0.029
	(0.00)	(0.23)
LOAN	0.013	0.011
	(0.29)	(0.49)
BIG4	0.007**	-0.002
	(0.04)	(0.56)
STATE	0.005	0.003
	(0.12)	(0.48)
LIST	-0.052***	0.019*
	(0.00)	(0.08)
Constant	-0.027	-0.127
	(0.69)	(0.12)
年度效应	控制	控制
银行效应	控制	控制
观测值	173	174
Adjusted R^2	0.703	0.856

3.5.3 高管薪酬延期支付、城市商业银行贷款行业配置与不良贷款率

2010 年 2 月 21 日,银监会发布了《商业银行稳健薪酬监管指引》(银监发〔2010〕14 号),鼓励商业银行对其高级管理人员以及对风险有重要影响岗位上的员工实施绩效薪酬延期支付政策。何靖(2016b)发现,高管薪酬延期支付政策能够有效降低银行风险承担水平。因此,为探究薪酬延期支付能否降低产业政策支持行业企业贷款的负面影响,本章将城市商业银行样本按是否实施高管薪酬延期支付政策进行分组后进行回归。表 3-14 报告了回归结果。

表 3-14　　高管薪酬延期支付、城市商业银行贷款行业配置与不良贷款率

变量名称	NPL	
	(1) 已实施高管薪酬延期支付政策	(2) 未实施高管薪酬延期支付政策
SUPPORT_RATIO	-0.064**	0.020*
	(0.03)	(0.07)
SIZE	-0.015**	0.011***
	(0.01)	(0.00)
LEV	-0.014	-0.020
	(0.19)	(0.22)
CAR	-0.062**	-0.064**
	(0.03)	(0.01)
LOAN	0.008	0.022*
	(0.56)	(0.07)
BIG4	0.002	-0.006
	(0.24)	(0.13)

续表

变量名称	NPL	
	(1) 已实施高管薪酬延期支付政策	(2) 未实施高管薪酬延期支付政策
STATE	0.014*	0.004
	(0.08)	(0.12)
LIST		0.013
		(0.25)
Constant	0.260***	-0.154**
	(0.01)	(0.02)
年度效应	控制	控制
银行效应	控制	控制
观测值	76	271
Adjusted R^2	0.777	0.782

注：模型1中LIST与高管薪酬延期支付存在共线性，因此在回归时被自动剔除。

表3-14中，模型（1）的SUPPORT_RATIO回归系数在5%的水平上显著为负，模型（2）的SUPPORT_RATIO回归系数在10%的水平上显著为正，说明已实施高管薪酬延期支付政策的城市商业银行，向地方政府产业政策支持行业企业的贷款发放量越大，不良贷款率越低；未实施高管薪酬未延期支付政策的城市商业银行，向地方政府产业政策支持行业企业的贷款发放量越大，不良贷款率越高。表3-14的回归结果表明，在实施高管薪酬延期支付政策的城市商业银行中，向地方政府产业政策支持行业企业贷款对银行金融资源配置效率的不利影响得到改善。高管薪酬延期支付能有效提高城市商业银行的金融资源配置效率。

3.6 本章小结

本章利用中国省级地方政府的"十一五"和"十二五"产业政策数据和城市商业银行的前十大贷款客户数据,分析了地方政府产业政策对城市商业银行贷款行业配置的影响。研究发现,在城市商业银行的前十大贷款客户中,如果该贷款客户属于地方政府产业政策支持行业的企业,其贷款额度在城市商业银行贷款总计中占比反而偏低。这说明,地方政府产业政策对城市商业银行的相关行业贷款存在挤出效应。为探究其影响机制,本章采用赫芬达尔指数衡量省内银行市场集中度,并按省内银行市场集中度对样本进行分组回归。回归结果表明,在银行市场集中度较高,即大型商业银行和股份制商业银行影响力更大的省份,大型商业银行和股份制商业银行对城市商业银行的挤出效应更显著。同时,当某省份某年度首次开设分支机构的新进入银行家数较大时,对城市商业银行的产业政策支持行业企业贷款的挤出也更显著。进一步研究还发现,城市商业银行向地方政府产业政策支持企业发放的贷款量越大,其不良贷款率越高。但是,当城市商业银行实施高管薪酬延期支付政策后,由地方政府产业政策引导的贷款发放不会导致城市商业银行不良贷款率的上升。

本章的结论表明,地方政府产业政策会对商业银行的金融资源配置产生影响,其对其他商业银行贷款行业配置的引导作用会对城市商业银行的相关行业贷款产生挤出效应。为了提高金融资源配置效率,地方政府应该正确引导银行间的良性竞争,同时监督提升商业银行内部的公司治理水平。本章对于产业政策微观经济后果的评估和进一步深化金融供给侧结构性改革具有启示意义。

第4章
城市商业银行跨省经营申请与拨备覆盖率

4.1 引言

在金融资源配置的过程中，商业银行的重要任务是防范和化解金融风险。在商业银行的风险监管核心指标中，不良贷款率体现了商业银行的信用风险。当商业银行存在不良贷款时，需要及时计提贷款损失准备。贷款损失准备是否计提及时、充足体现了商业银行抵御风险的能力。但是，贷款损失准备属于应计项目，可能存在操纵性。因此，进一步探究影响城市商业银行拨备覆盖率的影响因素能够为防范和化解金融风险，提高金融资源配置效率提供政策建议。由于本书以中国城市商业银行为研究对象，主要聚焦不同于其他类型商业银行的特征对城市商业银行金融资源配置的影响。而相比其他类型商业银行，城市商业银行在跨区域经营方面受到严格监管。因此，进一步地，本章将从跨区域经营监管的角度分析了城市商业银行贷款拨备的影响因素。

中国城市商业银行在城市信用社的基础上建立，定位于服务于本地区经济的发展，因此最初的经营范围主要限于法人机构注册地。2006年2月，银监会印发了《城市商业银行异地分支机构管理办法》（银监发〔2006〕12号），允许各地银监局根据"扶优限劣"的监管原则引导城市商业银行设立异地分支机构。当城市商业银行申请设立异地分支机构时，需要满足多项业绩和风险考核指标，包括资产总额、资本充足率、不良贷款率、贷款损失准备覆盖率、资产利润率、资本利润率、是否建立完善的公司治理架构、是否建立有效的信息披露制度等。由于城市商业银行所在城市以外的分行和支行均属于异地分支机构，因此城市商业银行设立异地分支机构分为省内设立和跨省设立。而城市商业银行申请跨省设立分支机构的考核指标更为严格。当城市商业银行申请设立异地分行时，需要取得法人机构所在地银监局同意，由拟设异地分行所在地银监局受理其筹建申请，提出审查意见并逐级审核后报银监会审批。城市商业银行成功设立异地分行后，若进一步申请设立异地分行下辖支行，则其筹建及开业申请由异地分行所在地银监局受理、审批并颁发金融许可证，抄送城市商业银行法人机构所在地银监局即可。

《城市商业银行异地分支机构管理办法》（银监发〔2006〕12号）对城市商业银行设立异地分支机构的程序和审核标准作出了详细的说明。2009年4月，银监会印发了《关于中小商业银行分支机构市场准入政策的调整意见（试行）》（银监办发〔2009〕143号），放宽了城市商业银行设立异地分支机构的审核条件，进一步鼓励城市商业银行增强服务辐射功能。同时，城市商业银行在法人机构所在省（自治区、直辖市）内设立分支机构，不再受数量指标控制，且直接由拟设地银监局受理、审批。但是，城市商业银行跨省（自治区、直辖市）设立分行和支行，仍由银监会根据监管评级和优化布局等要求进行审批。

在商业银行会计信息中，贷款损失准备本期计提占商业银行本期会计应计的比例非常高（Beatty 和 Liao，2014；Bushman，2014），因此贷款损失准备是衡量银行会计信息质量的重要指标。已有关于计提贷款损失准备的动机研究可以分为两个方面。第一，信号释放功能。当商业银行积极计提贷款损失准备时，说明银行的盈利能力足以抵消当期计提的贷款损失准备对银行净利润的负向影响（Beaver 等，1989；Elliot 等，1991；Griffin 和 Wallach，1991）。但是，Bushman 和 Williams（2012）指出，当银行基于未来潜在风险计提贷款损失准备时，如果目的在于通过盈余管理平滑利润，那么实际上会降低监管机构通过监督商业银行核心指标来管控风险的效率。第二，资本管理动机。积极计提贷款损失准备的商业银行一般具有较好的财务融资现状（Beatty 和 Liao，2014），在银行扩张期间更容易积累权益资本来应对金融危机期间的损失（Beatty 和 Liao，2011）。从已有研究中可以看出，商业银行具有较高的动机在不同环境下调整贷款损失准备，而贷款损失准备计提对银行风险具有较大影响（Bushman 和 Williams，2015；Bhat 和 Ryan，2019）。但是，关于贷款损失准备的信号释放功能，已有研究主要关注其对市场的信号释放功能，尚未有研究关注其对监管机构的信号释放功能。

相比在省内设立分支机构，城市商业银行在申请跨省设立分行时，面临的审批更加严格，调整拨备覆盖率的动机可能更强。因此，本章以城市商业银行申请设立跨省分行为研究背景，利用城市商业银行数据和银监会披露的城市商业银行申请跨省设立分行的数据[①]，研究城市商业银行拨备覆盖率在城市商业银行申请跨省设立分行的前后两个时期的变化方向，以检验城市商业银行在申请跨省设立分行时是否存在操纵拨备覆盖的行为。由于《关于中小商业银行分支机构市场准入政策的调整意见（试行）》（银监办发〔2009〕143号）出台后，城市商业银行在法人机构所在省（自治区、直辖市）内设立分支机构，不再受数量指标控制，且直接由拟设地银监局受理、审批，而跨省（自治区、直辖市）设立分行和支行，仍由银监会根据监管评级和优化布局等要求进行审批，因此本章采用城市商业银行跨省设立分行作为研究场景。本章研究结

---

① 通过银保监会政府信息公开检索获得：http：//www.cbrc.gov.cn/chinese/zwgk/index.html。

果表明，在准备申请筹建跨省分行前，城市商业银行更倾向于提高拨备覆盖率，以体现良好的风险管理水平。但是，在筹建及开业申请得到批复后，城市商业银行倾向于降低拨备覆盖率，以降低贷款拨备对净利润的影响。并且，上述影响在不同的银行市场环境中和不同公司治理水平的城市商业银行样本中具有显著差异。

相比已有文献，本章主要有以下三点贡献。第一，本章补充了贷款损失准备计提的相关研究。贷款损失准备是商业银行会计报表中应计项目的重要组成部分。Kim 和 Kross（1998）、Ahmed 等（1999）、Leventis 等（2011）利用监管政策或会计准则的变化探究了商业银行调整贷款损失准备的动机，例如资本管理动机、盈余管理动机，以及向市场发出信号的动机等。本章通过研究城市商业银行市场准入政策放松背景下，设立跨省分支机构对城市商业银行贷款损失准备集体的影响，发现商业银行调整贷款损失准备也有可能是为了向监管者发出信号。第二，本章从商业银行的角度进一步检验了市场竞争对企业财务报告行为的影响。Dou 等（2018）利用美国商业银行设立州际分支机构的管制放松政策研究了进入威胁对本地商业银行贷款损失准备计提的影响。与美国管制放松政策不同，中国城市商业银行跨省设立分支机构的申请在放松管制后仍需获得监管机构的批准。因此，本章以中国的银行监管政策为研究背景，可以进一步探究计划设立跨省分支机构的城市商业银行本身的贷款损失准备计提是否会发生相应变化。第三，本章的研究体现了商业银行与监管者之间的博弈，能够为银行监管政策提供一定理论依据。金融危机后，大量研究表明，银行业属于强监管行业（Hardy，2006）。Duchin 和 Sosyura（2014）的研究表明，接受救助的银行，在最初往往具有较为良好的监管比率，但实际上已转向风险较高的投资组合。本章分析了在非金融危机时期，商业银行如何利用会计应计准则达到修饰报表或盈余管理的目的，能够为进一步提高商业银行会计信息质量提供政策理论依据。

第4章 城市商业银行跨省经营申请与拨备覆盖率

本章其他部分的安排如下：第二部分提出研究假设，第三部分进行研究设计，第四部分为主要研究结果，第五部分为进一步检验，最后是研究结论。

4.2 研究假设

4.2.1 城市商业银行跨省经营申请与拨备覆盖率

2009年4月，银监会印发了《关于中小商业银行分支机构市场准入政策的调整意见（试行）》（银监办发〔2009〕143号），放松了对中小商业银行异地开设分支机构的限制。根据银监会发布的金融许可证数据统计，截至2015年年末，已有45家城市商业银行在非法人机构所属省份开设分行，说明城市商业银行不再局限于本地的信贷发展，开始寻求新的投资机会与客户资源。

银监会于2006年2月印发的《城市商业银行异地分支机构管理办法》（银监发〔2006〕12号）对城市商业银行申请跨区域经营的审批流程和审核标准作出了规定。城市商业银行申请设立异地分支机构包括申请筹建和申请开业两个阶段。当城市商业银行申请跨省设立分行时，需先经法人机构所在地银监局同意后，由拟设异地分行所在地银监局受理其筹建申请，审核后报银监会审批。已获银监会批准筹建的跨省分行申请开业时，由跨省分行所在地银监局受理、审批并颁发金融许可证，抄送城市商业银行法人机构所在地银监局，并报银监会备案。对于城市商业银行设立异地分支机构的申请，各级监管机构应在收到申请文件之日起6个月内作出批准或不批准的书面决定。根据上述审批流程和银监会发布的筹建批复函，本章刻画了城市商业银行跨省设立分支机构申请的时间轴（见图4-1）。

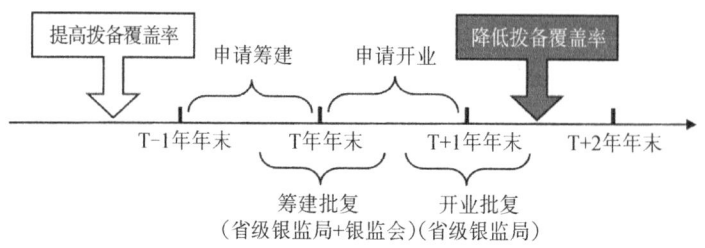

图 4-1 城市商业银行设立跨省分行时间轴

资料来源：根据《城市商业银行异地分支机构管理办法》（银监发〔2006〕12号）、《关于中小商业银行分支机构市场准入政策的调整意见（试行）》（银监办发〔2009〕143号），以及银监会发布的筹建批复函梳理刻画。

在审核标准方面，申请跨省设立分行的城市商业银行需要满足多项业绩和风险考核指标，包括资产总额、资本充足率、不良贷款率、贷款损失准备覆盖率、资产利润率、资本利润率、是否建立完善的公司治理架构、是否建立有效的信息披露制度等。而在银行会计领域的研究中，贷款损失准备尤其受到关注。这是因为，贷款损失准备不仅是重要的应计项目，还会对银行绩效产生重要影响，还反映了银行与贷款方的信息不对称程度（Beatty 和 Liao，2014）。Beatty 和 Liao（2014）通过分析 2005—2012 年美国的商业银行数据发现，贷款损失准备的平均值占总应计项目平均值的比例约 56%，是第二大应计项目所占比例的两倍。因此，商业银行对于贷款损失准备的计提具有较强的可操纵性。由于城市商业银行跨省设立分行须由相关监管机构根据监管评级和优化布局等要求进行审批，且贷款损失准备覆盖率是审核标准的重要指标，而贷款损失准备计提作为贷款资产损失的缓冲机制（丁友刚和岳小迪，2009），能够体现城市商业银行管控风险的主动性，因此在申请设立跨省分行前，城市商业银行会倾向于提高拨备覆盖率。但是，在跨省经营申请获得批复后，出于对盈利目标的考量，城市商业银行可能会通过操纵贷款损失准备来降低贷款损失准备对净利润的影响。基于上述分析，本章提出假设 H4.1a 和 H4.1b：

H4.1a：在准备向监管机构申请设立跨省分行前，城市商业银行倾向于提高拨备覆盖率。

H4.1b：跨省分行申请获得监管机构的筹建和开业批复后，城市商业银行倾向于降低拨备覆盖率。

4.2.2 审计师特征、城市商业银行跨省经营申请与拨备覆盖率

已有研究表明，"四大"会计师事务所比"非四大"会计师事务所的审计质量更高（DeAngelo，1981）。并且，对于"四大"会计师事务所和"非四大"会计师事务所的审计质量，市场认同度也具有显著差异（王咏梅和王鹏，2006）。祝继高等（2015c）和祝继高等（2017）的研究表明，相比"非四大"会计师事务所审计的城市商业银行，"四大"会计师事务所审计的城市商业银行计提了更多的贷款损失准备。因此，在审计过程中，"四大"会计师事务所能够比"非四大"会计师事务所发挥更好的监督作用。而贷款损失准备的计提是商业银行的主要应计项目，受到操纵的可能性更高。同时，因为"非四大"会计师事务所审计的城市商业银行的审计质量较低，可能更容易受到监管部门的注意，所以更需要提高拨备覆盖率以体现良好的风险管理水平。因此，当城市商业银行需要提出跨省开设分行的申请，并具有动机提高拨备覆盖率时，相比"四大"会计师事务所审计的城市商业银行，"非四大"会计师事务所审计的城市商业银行更有可能提高拨备覆盖率。当城市商业银行跨省开设分行申请获得筹建和开业批复后，需要降低贷款损失准备来进行盈余管理时，由于"非四大"会计师事务所的监督作用较弱，相比"四大"会计师事务所审计的城市商业银行，"非四大"会计师事务所审计的城市商业银行更有可能降低拨备覆盖率。基于上述分析，本章提出假设 H4.2a 和 H4.2b：

H4.2a：在准备向监管机构申请设立跨省分行前，相比"四

大"会计师事务所审计的城市商业银行,"非四大"会计师事务所审计的城市商业银行更倾向于提高拨备覆盖率。

H4.2b：跨省分行申请获得监管机构的筹建和开业批复后,相比"四大"会计师事务所审计的城市商业银行,"非四大"会计师事务所审计的城市商业银行更倾向于降低拨备覆盖率。

4.2.3 跨省机构所在地银行市场、城市商业银行跨省经营申请与拨备覆盖率

《城市商业银行异地分支机构管理办法》（银监发〔2006〕12号）规定,城市商业银行跨省设立异地分行的申请由拟设异地分行所在地银监局受理并提出审查意见并逐级审核。而拟设跨省异地分行所在地的银行业市场环境可能会影响拟设跨省异地分行所在地银监局的审核行为。

一方面,当拟设跨省异地分行所在地的银行市场集中度较高时,说明该地区商业银行市场较为垄断,金融业亟待发展,该省银监局可能更倾向于同意省外城市商业银行的跨省经营申请,从而刺激本地区的金融市场发展。因此,拟设跨省异地分行所在地的银监局在审批时,审核标准可能更为宽松,城市商业银行提高拨备覆盖率的水平会降低。

另一方面,当拟设跨省异地分行所在地的银行市场集中度较高时,出于保护本地银行（特别是城市商业银行）发展的角度,该省银监局在审批时可能更为苛刻。因此,为了获得设立跨省分行的批复,城市商业银行提高拨备覆盖率的幅度可能会更大。

基于上述分析,本章提出竞争性假设 H4.3a 和 H4.3b：

H4.3a：当城市商业银行拟设跨省异地分行所在省份的银行市场集中度较低时,城市商业银行在准备申请筹建跨省分行前,更倾向于提高拨备覆盖率。

H4.3b：当城市商业银行拟设跨省异地分行所在省份的银行市

场集中度较高时,城市商业银行在准备申请筹建跨省分行前,更倾向于提高拨备覆盖率。

4.3 研究设计

4.3.1 研究样本

本章主要研究城市商业银行在申请设立跨省异地分行前后,其拨备覆盖率的变化趋势,以分析是否存在拨备操纵行为。

本章的研究样本为2006—2017年的中国城市商业银行。城市商业银行申请设立跨省异地分行及银监会批复情况通过银保监会的政府信息公开检索获得,其他涉及的城市商业银行的贷款损失准备计提信息、财务信息、审计信息与公司治理信息等数据来源于各城市商业银行官方网站发布的年报。本章最终获得923个"年度-银行"观测值(见表4-1)。

表 4-1　　　　　　　　样本统计

年度	城市商业银行总数	样本量	比率(%)
2006	113	38	33.63
2007	124	59	47.58
2008	136	54	39.71
2009	143	66	46.15
2010	147	77	52.38
2011	144	72	50.00
2012	144	73	50.69
2013	145	87	60.00
2014	133	84	63.16

续表

年度	城市商业银行总数	样本量	比率（%）
2015	133	100	75.19
2016	134	107	79.85
2017	134	106	79.10
合计	1630	923	56.63

4.3.2 研究设计

1. 拨备覆盖率

拨备覆盖率（PC）采用贷款损失准备余额（一般准备+专项准备+特种准备）除以不良贷款余额（次级类贷款+可疑类贷款+损失类贷款）进行衡量。并且，由于拨备覆盖率的分布高度右偏，因此采用对数化处理使其更符合正态分布。

2. 申请设立跨省异地分行的时间指标

为检验在准备申请设立跨省异地分行前，城市商业银行是否会提高拨备覆盖率，本章构建 PRE_APPLY 变量。根据图4-2的时间轴，如果城市商业银行在 T 年申请在新的省份设立分支机构，则 PRE_APPLY 在 T-1 年取值为1，否则为0。

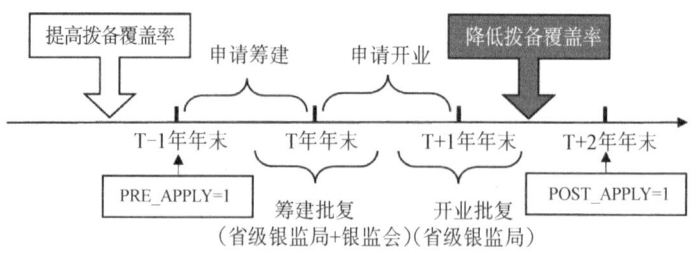

图4-2 主要解释变量构建

为检验在申请设立跨省异地分行完成后，城市商业银行是否会降低拨备覆盖率，本章构建 POST_APPLY 变量。根据图4-2的时间轴,如果城市商业银行在 T 年申请在新的省份设立分支机构,且在 T 至 T+2 年期间未再次申请在新的省份设立分支机构(避免再次申请设立跨省异地分行对拨备覆盖率的影响),则 POST_APPLY 在 T+2 年取值为 1,否则为 0。

本章主回归模型如下:

$$PC = \beta_0 + \beta_1 PRE\_APPLY/POST\_APPLY + 城市商业银行控制变量 + 年度固定效应 + 银行固定效应 + \varepsilon \qquad (4-1)$$

为了进一步说明本章的主要解释变量构建方式,本章以"中国银监会关于筹建北京银行济南分行的批复"为例进行说明。城市商业银行申请设立跨省异地分行的银监会批复示例如下:

中国银监会关于筹建北京银行济南分行的批复

北京银行:

你行《关于筹建北京银行股份有限公司济南分行的请示》(京银运发〔2009〕609 号)收悉,现批复如下:

一、同意筹建北京银行济南分行。

二、你行应按照《中华人民共和国商业银行法》等有关法律法规要求做好该分行的筹建工作,并在筹建工作结束后向山东银监局申请开业。

二〇一〇年六月四日

资料来源:http://www.cbrc.gov.cn/govView_4B14B40D2CFE4B4EB04AF4F0C33A0334.html。

"中国银监会关于筹建北京银行济南分行的批复"示例显示,银监会对北京银行筹建济南分行的批复于 2010 年 6 月 4 日发布,但是根据批复中"《关于筹建北京银行股份有限公司济南分行的请示》(京银运发〔2009〕)"的文号,该申请为北京银行于 2009 年提出,因此,该示例对应的 T 期为 2009 年。

本章在回归模型中还控制了城市商业银行的资产规模（SIZE）、资产负债率（LEV）、资本充足率（CAR）、贷款比率（LOAN）、银行审计师特征（BIG4）、产权性质（STATE）和是否上市（LIST）。为了控制其他潜在变量的影响，本章还在模型中控制了年度固定效应和银行固定效应，且标准误按银行和年度进行聚类（Petersen，2009），并经异方差修正。各变量的定义见表4-2。

表4-2　　　　　　　　　　　变量定义

变量名称	变量定义
PC	Ln（拨备覆盖率）［拨备覆盖率＝（一般准备＋专项准备＋特种准备）/（次级类贷款＋可疑类贷款＋损失类贷款）］
PRE_APPLY	如果城市商业银行在T年申请在新的省份设立分支机构，则PRE_APPLY在T-1年取值为1，否则为0
POST_APPLY	如果城市商业银行在T年申请在新的省份设立分支机构，且在T至T+2年期间未再次申请在新的省份设立分支机构，则POST_APPLY在T+2年取值为1，否则为0
SIZE	Ln（总资产）
LEV	资产负债率
CAR	所有者权益总计/加权风险资产
LOAN	贷款总计/资产总计
BIG4	如果审计城市商业银行的会计师事务所是"四大"，则取值为1，否则为0
STATE	如果控股股东为国有法人，则取值为1，否则为0
LIST	如果已在A股或H股上市，则取值为1，否则为0

注：拨备覆盖率的分布高度右偏，因此采用对数化处理使其更符合正态分布。

4.3.3 描述性统计

表4-3的Panel A和Panel B分别列出了PRE_APPLY和POST_APPLY在本章样本中的分布。其中，PRE_APPLY主要在2006—

第 4 章　城市商业银行跨省经营申请与拨备覆盖率

2009 年的样本中存在取值为 1 的情况，说明受《关于中小商业银行分支机构市场准入政策的调整意见（试行）》（银监办发〔2009〕143 号）和《城市商业银行异地分支机构管理办法》（银监发〔2006〕12 号）的政策推动，城市商业银行在 2007—2010 年倾向于申请开设跨省分支机构。但是，2011 年之后（包括 2011 年），除了 2014 年北京银行在河北首次开设分行获批外，银监会再未发布其他批复函。这说明，2011 年后，城市商业银行新申请开设跨省分行的政策逐渐收紧①。

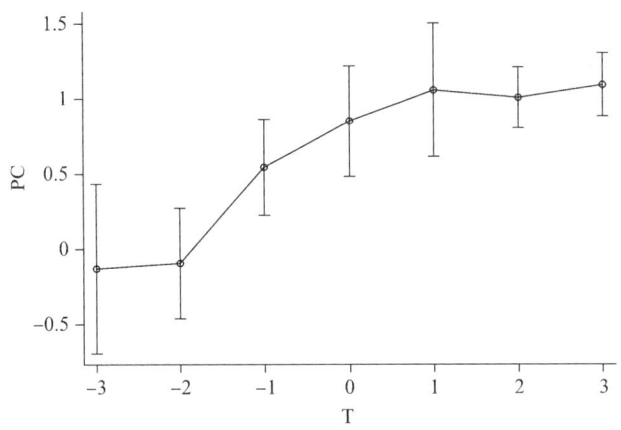

图 4 - 3　拨备覆盖率趋势

注：图 4 - 3 的样本为至少在 T - 2 期至 T + 2 期具有连续拨备覆盖率数据的城市商业银行样本；若某城商业银行在 2009 年、2010 年均申请跨省开设分行，则 T - 3 期为 2006 年，T - 2 期为 2007 年，T - 1 期为 2009 年，T 期为 2010 年 T + 1 期为 2011 年，T + 2 期为 2012 年，T + 3 期为 2013 年；回归样本中，PRE_APPLY 在 2008 年和 2009 年均取值为 1。

---

① 2011 年 4 月 1 日，在全国城市商业银行发展论坛中，时任银监会主席助理阎庆民表示，"今后将审慎推进城商行跨区域经营，把城商行内控机制作为重点检查项目，对于内控不健全的城商行的新设网点申请，将'暂停审批'"。新闻网页地址：https://www.chinabond.com.cn/Info/12087343。

表4-3　　城市商业银行跨省经营申请年度情况

Panel A：PRE_APPLY 分布

年度	PRE_APPLY = 1	PRE_APPLY = 0	总样本
2006	7	31	38
2007	15	44	59
2008	12	42	54
2009	15	51	66
2010	0	77	77
2011	0	72	72
2012	0	73	73
2013	1	86	87
2014	0	84	84
2015	0	100	100
2016	0	107	107
2017	0	106	106
合计	50	873	923

Panel B：POST_APPLY 分布

年度	POST_APPLY = 1	POST_APPLY = 0	总样本
2006	0	38	38
2007	0	59	59
2008	0	54	54
2009	0	66	66
2010	7	70	77
2011	5	67	72
2012	20	53	73
2013	0	87	87
2014	0	84	84
2015	0	100	100
2016	1	106	107
2017	0	106	106
合计	33	890	923

表4-4为本章各变量的描述性统计。表4-4中，PC的最小值为-1.284，最大值为2.576，平均值为0.840，说明样本中城市商业银行的拨备覆盖率最小值为27%，最大值为1300%，平均值约为232%。说明大部分城市商业银行能够满足《关于调整商业银行贷款损失准备监管要求的通知》（银监发〔2018〕7号）中拨备覆盖率需达到120%~150%的监管要求。BIG4的均值为0.300，说明样本中30.0%的城市商业银行选择了"四大"会计师事务所进行审计；STATE的均值为71.9%，说明样本中71.9%的城市商业银行的第一大股东具有国有背景；LIST的均值为0.075，说明样本中7.5%的城市商业银行已在A股或H股上市。

表4-4 描述性统计

变量名称	观测值	平均值	标准差	最小值	最大值
PC	923	0.840	0.596	-1.284	2.576
PRE_APPLY	923	0.054	0.226	0.000	1.000
POST_APPLY	923	0.036	0.186	0.000	1.000
SIZE	923	18.086	1.225	15.286	21.014
LEV	923	0.928	0.026	0.775	0.966
CAR	923	0.130	0.033	0.038	0.522
LOAN	923	0.450	0.110	0.187	0.671
BIG4	923	0.300	0.459	0.000	1.000
STATE	923	0.719	0.450	0.000	1.000
LIST	923	0.075	0.263	0.000	1.000

表4-5为主要变量相关系数。PC与PRE_APPLY的相关系数为-0.159，且在1%的水平上显著，说明城市商业银行在申请跨省设立分支机构前，拨备覆盖率较高，初步支持了本章的假设

表 4 – 5　主要变量相关系数

变量名称	1	2	3	4	5	6	7	8	9	10
PC	1									
PRE_APPLY	-0.159***	1								
POST_APPLY	0.065**	-0.046	1							
SIZE	0.172***	0	0.113***	1						
LEV	-0.140***	0.056*	0.027	0.076**	1					
CAR	0.290***	0.014	0.022	-0.034	-0.422***	1				
LOAN	-0.268***	0.092***	-0.004	-0.463***	0.043	-0.203***	1			
BIG4	0.064*	0.021	0.052	0.519***	0.099***	-0.054*	-0.186***	1		
STATE	0.028	0.043	0.016	-0.113***	0.082**	-0.043	0.039	-0.033	1	
LIST	0.052	0.078**	0.012	0.449***	0.021	0.047	-0.190***	0.380***	-0.162***	1

注：*10%水平上显著，**5%水平上显著，***1%水平上显著。

H4.1a；PC 与 POST_APPLY 的相关系数为 0.065，且在 5% 的水平上显著，说明城市商业银行在完成跨省设立分支机构申请后，拨备覆盖率较低，初步支持了本章的假设 H4.1b。PC 与 SIZE 的相关系数为 0.172，且在 1% 的水平上显著；PC 与 LEV 的相关系数为 -0.140，且在 1% 的水平上显著；PC 与 CAR 的相关系数为 0.290，且在 1% 的水平上显著；PC 与 LOAN 的相关系数为 -0.268，且在 1% 的水平上显著；PC 与 BIG4 的相关系数为 0.064，且在 10% 的水平上显著，说明资产规模较大、资产负债率较低、资本充足率较高、贷款规模较低，以及由"四大"会计师事务所审计的城市商业银行的拨备覆盖率更高。

4.4　主要研究结果

4.4.1　城市商业银行跨省经营申请与拨备覆盖率

表 4-6 报告了本章主要模型的回归结果。在模型（1）中，PRE_APPLY 的回归系数为 0.188，且在 1% 的水平上显著，说明在准备申请筹建跨省分行的前一年，城市商业银行倾向于提高拨备覆盖率，支持了本章的假设 H4.1a。在模型（2）中，POST_APPLY 的回归系数为 -0.150，且在 5% 的水平上显著，说明在筹建及开业申请得到批复后，城市商业银行倾向于降低拨备覆盖率，支持了本章的假设 H4.1b。表 4-6 的结果表明，在准备申请筹建跨省分行的前一年，城市商业银行更倾向于提高拨备覆盖率，以体现良好的风险管理水平。但是，在筹建及开业申请得到批复后，城市商业银行倾向于降低拨备覆盖率，以降低贷款拨备对净利润的影响。

表4-6 城市商业银行跨省经营申请与拨备覆盖率

变量名称	PC	
	(1)	(2)
PRE_APPLY	0.188*** (3.37)	
POST_APPLY		-0.150** (-2.64)
SIZE	-0.208* (-1.96)	-0.202* (-1.89)
LEV	0.234 (0.32)	0.209 (0.29)
CAR	1.641* (2.00)	1.749* (2.11)
LOAN	-0.749* (-2.11)	-0.774** (-2.22)
BIG4	0.024 (0.27)	0.016 (0.18)
STATE	0.082 (1.26)	0.093 (1.38)
LIST	0.030 (0.28)	-0.008 (-0.07)
Constant	4.428* (1.94)	4.358* (1.89)
年度效应	控制	控制
银行效应	控制	控制
观测值	923	923
Adjusted R^2	0.6108	0.608

注:模型经异方差调整,并按年份和银行进行标准误差聚类,括号内是Z值(下同);*10%水平上显著,**5%水平上显著,***1%水平上显著(下同)。

4.4.2 审计师特征、城市商业银行跨省经营与拨备覆盖率

为了进一步检验城市商业银行在申请跨省经营时，具有调整拨备覆盖率的动机，本章对城市商业银行样本按"四大"审计和"非四大"审计进行分组后回归。表4-7报告了回归结果。

表4-7 审计师特征、城市商业银行跨省经营申请与拨备覆盖率

变量名称	PC			
	(1)	(2)	(3)	(4)
	BIG4 = 1	BIG4 = 0	BIG4 = 1	BIG4 = 0
PRE_APPLY	0.155	0.180**		
	(1.53)	(2.45)		
POST_APPLY			0.023	-0.225**
			(0.42)	(-2.95)
SIZE	-0.132	-0.176	-0.126	-0.173
	(-0.67)	(-1.43)	(-0.61)	(-1.40)
LEV	-0.214	0.537	-0.249	0.544
	(-0.41)	(0.57)	(-0.45)	(0.59)
CAR	0.038	2.137*	0.143	2.207*
	(0.06)	(2.11)	(0.23)	(2.18)
LOAN	-0.857**	-0.607	-0.922**	-0.629
	(-2.64)	(-1.34)	(-2.71)	(-1.40)
BIG4	0.000	0.000	0.000	0.000
	(0.00)	(0.00)	(0.00)	(0.00)
STATE	0.003	0.149*	0.005	0.159*
	(0.03)	(2.02)	(0.04)	(2.10)
LIST	-0.095	-0.481	-0.105	-0.549
	(-0.92)	(-1.49)	(-0.98)	(-1.54)

续表

变量名称	PC			
	(1)	(2)	(3)	(4)
	BIG4 = 1	BIG4 = 0	BIG4 = 1	BIG4 = 0
Constant	3.979	3.309	3.928	3.268
	(0.95)	(1.25)	(0.90)	(1.23)
年度效应	控制	控制	控制	控制
银行效应	控制	控制	控制	控制
观测值	272	643	272	643
Adjusted R^2	0.729	0.609	0.726	0.610

表4-7的模型（1）和模型（2）报告了以PRE_APPLY为解释变量的回归结果。模型（1）中，PRE_APPLY的回归系数不显著；模型（2）中，PRE_APPLY的回归系数为0.180，且在5%的水平上显著；这说明，相比"四大"审计的城市商业银行，"非四大"审计的城市商业银行，申请在新的省份设立分行前，更倾向于提高拨备覆盖率，支持了本章的假设H4.2a。模型（3）和模型（4）报告了以POST_APPLY为解释变量的回归结果。模型（3）中，POST_APPLY的回归系数不显著；模型（4）中，POST_APPLY的回归系数为-0.225，且在5%的水平上显著；这说明，在筹建及开业申请得到批复后，相比"四大"审计的城市商业银行，"非四大"审计的城市商业银行则更倾向于降低拨备覆盖率，支持了本章的假设H4.2b。

由于城市商业银行申请跨省设立分行需要得到监管机构的批复，因此为了向监管机构释放自身拨备较充足的信号，倾向于提高拨备覆盖率。而相比"四大"审计的城市商业银行，"非四大"审计的城市商业银行由于相对较低的审计质量，更倾向于向监管机构释放积极信号，因此更需要提高拨备覆盖率以体现良好的风险管理水平。而在筹建及开业申请得到批复后，由于"非四大"会计师事务所的审计较为宽松，因此相比"四大"审计的城市商业银行，

"非四大"审计的城市商业银行的管理层更可能通过操纵贷款损失准备的方式影响银行的业绩表现。而较高的拨备覆盖率会影响银行的净利润,因此"非四大"审计的城市商业银行更倾向于降低拨备覆盖率。综上所述,城市商业银行在申请跨省经营时,的确具有调整拨备覆盖率的动机,而该动机会受到审计师监督效应的影响。

4.4.3 跨省机构所在地银行市场、城市商业银行跨省经营申请与拨备覆盖率

城市商业银行申请跨省设立异地分行由拟设异地分行所在地的银监局受理其筹建申请,提出审查意见并逐级审核后报中国银监会审批,因此拟设异地分行所在地的银监局对于城市商业银行的跨省设立异地分行申请的批复具有重要影响。为进一步检验城市商业银行在准备申请设立跨省异地分支机构前提高拨备覆盖率是为了体现自身良好的风险管理水平,从而使申请更有可能得到批复,本章进一步研究了拟设异地分行所在地银行市场集中度对城市商业银行为申请跨省设立分支机构调整拨备覆盖率的影响。

为了检验跨省机构所在地银行市场集中度的调节效应,本章进一步构建了变量 BRANCH_HIGH_HHI:在所有提出跨省经营申请的城市商业银行的拟设异地分行所在省份中,若该省份的上年银行市场集中度处于中位数以上,则取值为1,否则为0。由于只能对拟设异地分行的城市商业银行样本的 BRANCH_HIGH_HHI 赋值,因此,本检验无法采用分组检验,选择引入交叉项的方式进行检验。并且,在不同的年度中:BRANCH_HIGH_HHI = PRE_APPLY × BRANCH_HIGH_HHI。因此,在回归模型中仅需要加入其中一项进行控制。另外,由于部分城市商业银行在同一年度曾申请在不同省份设立跨省分行,因此本检验为了区分新设跨省分行所在省份银行市场集中度的高低,在回归时剔除了此类样本。表4-8报告了检验结果。

表4-8　城市商业银行跨省经营申请、跨省机构所在地
　　　　银行市场与拨备覆盖率

变量名称	PC	
	（1）	（2）
PRE_APPLY	0.214***	0.433***
	（3.49）	（3.23）
PRE_APPLY × BRANCH_HIGH_HHI		-0.407*
		（-1.85）
SIZE	-0.195	-0.186
	（-1.78）	（-1.74）
LEV	0.302	0.250
	（0.41）	（0.35）
CAR	1.761*	1.778*
	（2.05）	（2.05）
LOAN	-0.732*	-0.681*
	（-2.03）	（-1.93）
BIG4	0.019	0.015
	（0.21）	（0.17）
STATE	0.080	0.076
	（1.20）	（1.19）
LIST	0.023	0.044
	（0.18）	（0.36）
Constant	4.094	3.956
	（1.74）	（1.70）
年度效应	控制	控制
银行效应	控制	控制
观测值	877	877
Adjusted R^2	0.602	0.607

注：部分城市商业银行在同一年份申请在不同的省份新设分行，如东莞银行在2010年申请在湖南和安徽新设分行，此类样本被剔除。

表 4-8 的模型（1）中，PRE_APPLY 的回归系数为 0.214，且在 1% 的水平上显著，与表 4-6 模型（1）的回归结果一致，说明本章结论是稳健的。表 4-8 的模型（2）中，PRE_APPLY 与 BRANCH_HIGH_HHI 的交互项的回归系数为 -0.407，且在 10% 的水平上显著，表明当城市商业银行拟设跨省异地分行所在省份的银行市场集中度较低时，城市商业银行在准备申请筹建跨省分行前，更倾向于提高拨备覆盖率，支持了本章的假设 H4.3a。表 4-8 的结果表明，当拟设异地分行省份的银行市场集中度较高时，意味着该省金融业亟待发展，该省银监局更倾向于同意省外城市商业银行跨省设立分行的申请，因此，审批条件可能更为宽松，城市商业银行提高拨备覆盖率的水平会降低。

4.4.4 外生冲击检验

《城市商业银行异地分支机构管理办法》（银监发〔2006〕12号）和《关于中小商业银行分支机构市场准入政策的调整意见（试行）》（银监办发〔2009〕143号）发布后，越来越多的城市商业银行开始跨省设立分支机构。但是，2011年，时任银监会主席刘明康和时任银监会主席助理阎庆民均表示，将对银行设立分行的申请进行更严格的审批，尤其是城市商业银行的跨区域经营申请。自 2011 年以后（包括 2011 年），除了北京银行于 2014 年在河北首次开设分行获批外，银监会未再发布其他关于城市商业银行申请跨省开设分行的批复函。

基于上述背景，本章可以利用 2011 年的政策收紧作为外生冲击，来检验城市商业银行为了开设跨省分支机构而进行拨备调整的动机。具体地，本章认为，在政策收紧前，满足开设跨省分行条件的城市商业银行为了使跨省经营申请更有可能获得批复，会更倾向于提高拨备覆盖率；而在政策收紧后，由于城市商业银行新设跨省分行获得批复的可能性非常低，城市商业银行是否满足开设跨省分行条件与城市商业银行提高拨备覆盖率的倾向无显著关系。

《城市商业银行异地分支机构管理办法》(银监发〔2006〕12号)规定:

第九条 城市商业银行省内设立异地分行,应当具备以下条件:

(一)建立完善的公司治理架构和有效的决策、执行、监督、激励、约束机制。股东大会、董事会、经营管理层独立运作、分工明确、有效制衡,监事会发挥监督作用。董事会下设独立的审计委员会、风险管理及关联交易控制委员会、提名委员会,并制定明确的工作职责和议事规则。

(二)内部控制状况良好,按照监管要求建立有效的内部控制制度,2年来未发生大案要案。建立有效的关联交易控制制度和信息披露制度,按照监管部门的要求公开披露信息。

(三)管理状况良好。建立对管理人员授权、考核、监督和调整的制度和机制,并有足够的经营管理人才储备。

(四)开业3年以上,资产总额不少于150亿元人民币。

(五)注册资本不少于5亿元人民币且为实缴资本,资本充足率不低于8%,核心资本充足率不低于4%。

(六)不良贷款率(按五级分类口径)连续2年不高于6%,且最近2年不良贷款余额和比例持续下降。

(七)贷款损失准备覆盖率在监管部门规定比例以上,按照要求制定并落实提足贷款损失准备的规划及核销方案。

(八)在申请之日前连续2年盈利,扣除全部贷款损失准备缺口后,资产利润率不低于0.35%,资本利润率不低于8%,人均资产不低于1000万元。

(九)中国银监会要求的其他条件。

第十条 城市商业银行跨省设立异地分行,除满足第九条的各项要求外,还应具备以下条件:

(一) 资产总额不少于 500 亿元人民币。

(二) 注册资本不少于 10 亿元人民币且为实缴资本。

(三) 不良贷款率(按五级分类口径)连续 3 年不高于 6%。

(四) 在申请之日前连续 3 年盈利,扣除全部贷款损失准备缺口后,资产利润率不低于 0.45%,资本利润率不低于 10%,人均资产不低于 2000 万元。

本章根据上述规定确定了城市商业银行申请跨省设立分行需要满足的条件,并构建了 TREAT 变量:若城市商业银行满足开设跨省分行条件,则取值为 1,否则为 0。具体地,TREAT 取值为 1 的观测值需要满足表 4 - 9 列出的全部条件。

表 4 - 9　　城市商业银行满足跨省开设分行的条件

主要指标	满足标准
资产总额	不少于 500 亿元人民币
注册资本	不少于 10 亿元人民币
资本充足率	不低于 8%
不良贷款率(按五级分类口径)	不高于 6%
资产利润率	不低于 0.45%
资本利润率	不低于 10%

由于自 2011 年以后(包括 2011 年),除了北京银行于 2014 年在河北首次开设分行获批外,银监会未再发布其他关于城市商业银行申请跨省开设分行的批复函。因此,本节设计的外生冲击检验以 2011 年的政策收紧为外生冲击,构建 PRE2011 变量:若在 2011 年之前(不包括 2011 年),则取值为 1,否则为 0。由于回归模型中已控制了年度固定效应,而年度固定效应与 PRE2011 变量具有共线性,因此在回归中被自动剔除。具体回归模型如下:

$$PC = \beta_0 + \beta_1 TREAT + \beta_2 TREAT \times PRE2011 + 城市商业银行控制变量 + 年度固定效应 + 银行固定效应 + \varepsilon \quad (4-2)$$

表4-10报告了回归结果。其中,TREAT的回归系数不显著;TREAT×PRE2011的回归系数为0.155,且在5%的水平上显著。这一结果表明,当PRE2011取值为1时,即在2011年政策收紧前,满足开设跨省分行条件的城市商业银行,更倾向于提高拨备覆盖率;当PRE2011取值为0时,即在2011年政策收紧后,是否满足开设跨省分行条件与城市商业银行提高拨备覆盖率没有显著关系。这进一步证明了,城市商业银行提高拨备覆盖率与申请跨省设立分行具有紧密联系,支持了本章的主要结论。

表4-10　以2011年政策收紧为外生冲击的稳健性检验

变量名称	PC
	(1)
TREAT	-0.023
	(-0.57)
TREAT×PRE2011	0.155**
	(2.19)
SIZE	-0.212***
	(-3.38)
LEV	0.186
	(0.30)
CAR	1.737***
	(3.34)
LOAN	-0.789***
	(-3.25)
BIG4	0.016
	(0.28)
STATE	0.084*
	(1.70)

续表

变量名称	PC
	（1）
LIST	0.042
	（0.49）
Constant	4.557***
	（3.39）
年度效应	控制
银行效应	控制
观测值	923
Adjusted R^2	0.608

4.5 进一步检验

4.5.1 城市商业银行跨省经营申请与盈余管理行为

本章的前述检验证明了城市商业银行倾向于在申请设立跨省分行前提高拨备覆盖率，且这一行为是为了向监管机构释放积极信号，以提高申请被批复的可能性。而在申请被批复后，这一动机会被削弱。同时，过高的拨备覆盖率可能会对银行利润和业绩表现造成影响。Graham 等（2005）通过采访 400 多位经理人发现，使本期业绩达到或超过上一期业绩被大部分经理人作为非常重要的信息披露目标。因此，城市商业银行在设立跨省异地分行的申请完成后，盈余管理动机会可能会更强，从而促使城市商业银行向下调整拨备覆盖率。

盈余管理水平可以采用本期与上期业绩的差额来衡量银行的（Beatty 等，2002；Altamuro 和 Beatty，2010；Kanagaretnam 等，

2014；谢露等，2016）。因此，为检验城市商业银行在设立跨省异地分行申请完成后向下调整拨备覆盖率是出于对盈利目标的考量，本章进一步借鉴 Beatty 等（2002）构建反映城市商业银行盈余管理行为的变量 EM：若 ΔROA ［（本期净利润－上期净利润）/总资产］的差值在 0 与 0.0008 之间，则取值为 1，否则为 0，并采取 LOGIT 模型进行回归，具体回归模型如下：

$$EM = \beta_0 + \beta_1 PRE\_APPLY/POST\_APPLY + 城市商业银行控制变量 + 年度固定效应 + 银行固定效应 + \varepsilon \quad (4-3)$$

表 4-11 报告了城市商业银行申请跨省设立异地分行前后对其盈余管理行为的影响。模型（1）中，PRE_APPLY 的回归系数不显著，说明在准备跨省设立分行申请时，城市商业银行的盈余管理行为不显著。此时，城市商业银行更注重提高拨备覆盖率以向监管机构释放积极信号。模型（2）中，POST_APPLY 的回归系数为 2.234，且在 5% 的水平上显著，说明在完成跨省分行的筹建和开业申请后，城市商业银行更倾向于进行盈余管理。此时，城市商业银行向监管机构释放积极信号的动机较弱，盈余管理动机更强，因此更倾向于进行盈余管理行为。表 4-11 的回归结构进一步支持了本章的假设 H4.1a 和 H4.1b。

表 4-11　城市商业银行跨省经营申请与盈余管理行为

变量名称	EM	
	(1)	(2)
PRE_APPLY	-0.293 (-0.25)	
POST_APPLY		2.234** (2.54)
SIZE	0.339 (0.24)	0.327 (0.24)

续表

变量名称	EM	
	(1)	(2)
LEV	-13.993**	-15.506**
	(-2.02)	(-2.43)
CAR	-9.569	-10.400
	(-0.97)	(-1.08)
LOAN	-2.016	-1.976
	(-0.45)	(-0.45)
BIG4	0.204	0.258
	(0.33)	(0.49)
STATE	1.430**	1.424**
	(2.26)	(2.19)
LIST	0.794	0.950
	(1.09)	(1.30)
Constant	7.684	9.433
	(0.26)	(0.35)
年度效应	控制	控制
银行效应	控制	控制
观测值	468	468
Pseudo R^2	0.254	0.263

表4-11的回归结果主要将城市商业银行的跨省设立分行申请与盈余管理行为联系在一起。为了进一步证明，城市商业银行在完成跨省分行的筹建和开业申请后，倾向于通过降低拨备覆盖率进行盈余管理行为以提升业绩表现，本章进一步以业绩变动为被解释变量，以POST_APPLY与拨备覆盖率变动为解释变量，构建交叉项进行回归，具体回归模型如下：

$$ROA_t - ROA_{t-1} = \beta_0 + \beta_1 POST\_APPLY + \beta_2 (PC_t - PC_{t-1}) +$$

$\beta_3 \text{POST\_APPLY} \times (PC_t - PC_{t-1})$ + 城市商业银行控制变量 + 年度固定效应 + 银行固定效应 + ε (4-4)

表4-12报告了公式（4-4）的回归结果。模型（1）为未添加交叉项的回归结果，其中 $PC_t - PC_{t-1}$ 的回归系数为0.001，且在1%的水平上显著，说明城市商业银行中，拨备覆盖率与业绩表现的变动方向一般一致，即当城市商业银行业绩较好时，可能倾向于计提更多的贷款损失准备以平滑业绩（Bushman 和 Williams，2012）。模型（2）中，交叉项 POST_APPLY1`PC_t - PC_{t-1}）的回归系数为 -0.002，且在1%的水平上显著，说明当城市商业银行完成跨省开设分行的申请后，拨备覆盖率下降幅度越大，业绩上升幅度越大，体现出城市商业银行通过调低贷款损失准备来提高业绩的盈余管理行为。

表4-12 城市商业银行跨省经营申请、拨备覆盖率与盈余管理行为

变量名称	$ROA_t - ROA_{t-1}$	
	（1）	（2）
POST_APPLY	0.001	0.001
	(1.23)	(1.25)
$PC_t - PC_{t-1}$	0.001***	0.002***
	(5.04)	(4.96)
POST_APPLY × ($PC_t - PC_{t-1}$)		-0.002***
		(-3.67)
SIZE	-0.001	-0.001
	(-0.89)	(-0.84)
LEV	0.014	0.014
	(1.66)	(1.70)
CAR	0.003	0.003
	(0.40)	(0.39)

续表

变量名称	$ROA_t - ROA_{t-1}$	
	(1)	(2)
LOAN	0.005**	0.005**
	(2.37)	(2.60)
BIG4	-0.001**	-0.001**
	(-2.77)	(-2.80)
STATE	-0.000	-0.000
	(-0.67)	(-0.68)
LIST	0.001	0.001
	(1.15)	(1.05)
Constant	-0.004	-0.005
	(-0.18)	(-0.25)
年度效应	控制	控制
银行效应	控制	控制
观测值	670	670
Adjusted R^2	0.158	0.161

4.6 本章小结

本章利用2006—2017年的城市商业银行样本，以对城市商业银行开设跨省分行的审批政策变化为研究背景，分析了城市商业银行在申请开设跨省分行前后，对拨备覆盖率的调整动机。研究发现，为了向监管机构释放积极信号，城市商业银行在准备申请开设新的跨省分行时，会倾向于提高拨备覆盖率。并且，这一动机在"非四大"会计师事务所审计的城市商业银行中，和将要在银行市场集中度较低的省份新开设分行时更为显著。利用2011年监管机构对城市商业银行大规模跨省扩张的收紧为逆向外生冲击进行检验后，结果表明，该政策削弱了城市商业银行为了申请开设新的跨省分行，向监管机构释放积极信号，而提高拨备覆盖率的动机。本章还发现，在完成新设跨省分行的申请和开业后，城市商业银行更倾向于调低拨备覆盖率来进行盈余管理，以降低较高的贷款损失准备对银行业绩的影响。

　　本章结论对于监管机构合理调整拨备覆盖率的监管标准，优化城市商业银行的区域布局具有借鉴意义。贷款损失准备是商业银行对不良贷款的有效防范，能够有效应对不良贷款风险，而拨备覆盖率能够衡量城市商业银行是否对不良贷款计提了充足的贷款损失准备。城市商业银行在金融系统，尤其是地方金融系统中发挥着重要作用，因此需要更加合理地计提贷款损失准备来应对金融风险。城市商业银行大规模的扩张一方面会为城市商业银行带来更多的发展机会，另一方面也可能导致风险累积。因此，监管机构应当合理利用商业银行的各项监管指标，完善相应监管政策，合理对待不同发展水平的城市商业银行和处于不同发展地区的城市商业银行。

第5章 城市商业银行高管薪酬延期支付与影子银行业务

5.1 引言

近年来随着银行竞争愈加激烈，已有研究发现，城市商业银行相比大型商业银行和股份制商业银行，还更加倾向于在开展正常贷款业务的同时，扩大影子银行业务。影子银行业务会导致较高的系统性风险，有效控制影子银行业务规模对防范和化解金融风险具有重要意义。因此，本章将从内部治理结构的角度检验银行监管对城市商业银行影子银行业务的影响。

与美国金融市场中的影子银行业务相比，中国的影子银行业务属于制度创新的产物。由于中国企业融资来源主要为商业银行贷款，而宏观经济政策导致信贷资源在不同产业中分布不均，因此传统的银行贷款供给与企业融资需求之间存在缺口，无法从正常贷款渠道获得信贷资源的融资主体需要从影子银行渠道进行融资，从而催生了影子银行业务规模的迅速扩张。中国银行监管对商业银行的存贷比、贷款风险有明确的监管标准，而银行同业业务不属于表内贷款业务，能够节约资本占用、避免贷款额度限制、向受限企业客户提供贷款、隐藏不良贷款，并且理财产品渠道还能以高利率吸收存款，因此商业银行倾向于通过同业业务开展类贷款业务，形成了中国的影子银行体系。由于影子银行在一定程度上能够避免监管控制，扩大金融市场的系统性风险，因此中国银监会针对同业业务的规范和管理陆续出台了多项规定。2009年7月，银监会印发《关于进一步规范商业银行个人理财业务投资管理有关问题的通知》（银监发〔2009〕65号），规定将不符合转移标准的理财业务纳入表内核算，同时加强了对表外业务的监管力度。2013年3月，银监会印发《关于规范商业银行理财业务投资运作有关问题的通知》（银监发〔2013〕8号），规定应实现理财产品与标的物的对应，并进行单独账务处理，无法达到规定要求的，商业银行应按自营贷款标准完成风险加权资产计量和资本计提。但银行间市场仍然可通过买入返售类票据规避监管（祝继高等，2016）。2014年4月，中国人民银行、银监会、证监会、保监会和外汇局联合印发《关于规范金融机构同业业务的通知》（银发〔2014〕127号），对银行计入买入返售金融资产的涉及银信合作等的影子银行业务进行限制，原先计入买入返售金融资产的非标资产大量转向应收款项类投资。

由于中国的大型商业银行和股份制商业银行发展时间较长，发展水平较高，城市商业银行面临着较为激烈的存款竞争。而存款竞争越强，商业银行越倾向于通过扩大影子银行业务规模来应对竞争（郭晔和赵静，2017）。并且，2011年之后，随着城市商业银行跨省规模扩张的政策被收紧，城市商业银行可能需要更加激进地在正常贷款业务之外拓展发展渠道，因此更有可能扩大影子银行业务规模。而规模过大的影子银行业务可能引发严重的金融系统性风险（如2019年的包商银行事件）。因此，为了提高城市商业银行的公司治理水平，防范和化解潜在的金融风险，监管机构也出台了相应政策。

2008年金融危机爆发后，各国监管机构意识到银行薪酬与业绩高度相关所带来的严重银行风险。2010年2月，银监会印发了《商业银行稳健薪酬监管指引》（银监发〔2010〕14号），指出商业银行的薪酬发放应兼顾公司治理和风险管控作用。《商业银行稳健薪酬监管指引》（银监发〔2010〕14号）对商业银行高管的绩效薪酬的延期支付方式作出规定，"商业银行高级管理人员以及对风险有重要影响岗位上的员工，其绩效薪酬的40%以上应采取延期支付的方式，且延期支付期限一般不少于3年"，"如在规定期限内其高级管理人员和相关员工职责内的风险损失超常暴露，商业银行有权将相应期限内已发放的绩效薪酬全部追回，并止付所有未支付部分"，"商业银行制定的绩效薪酬延期追索、扣回规定应同样适用离职人员"。

延期支付薪酬属于内部债务，旨在提高管理人员对风险的敏感度。而在商业银行中，影子银行业务会带来较高的风险。因此，在商业银行中实行薪酬延期支付政策可能会有效控制影子银行规模。因此，本章主要分析城市商业银行实行薪酬延期支付政策后，其影子银行业务规模是否能受到有效控制。本章研究发现，相比未实施薪酬延期支付政策的城市商业银行，实施薪酬延期支付政策的城市商业银行的影子银行业务规模更低。并且，这一关系在业绩较差和风险较高的城市商业银行样本中更为显著。上述结论表明，实施高管薪酬延期支付政策后，城市商业银行对潜在风险更加敏感，通过影子银行渠道拓展业务的动机被削弱。城市商业银行内部公司治理水平的提升能够有效防范和化解金融系统性风险。

相比已有研究，本章主要有以下两方面贡献。第一，本章进一步拓展了银行业中高管薪酬延期支付的政策效果研究。银行业相比其他行业，会计信息透明度更低，更容易引发系统性风险，因此对银行业风险的防控具有重要意义。本章发现，相比未实施高管薪酬延期支付政策的城市商业银行，实施高管薪酬延期支付政策的城市商业银行的影子银行业务规模更低，说明该政策能够有效降低城市商业银行的金融风险，为进一步通过优化薪酬政策改善城市商业银行的公司治理水平提供了理论支持。第二，中国影子银行业务的发展路径较为特殊,本章利用商业银行薪酬政策颁布这一准外生冲击,从公司治理水平的角度研究了城市商业银行影子银行业务规模的影响因素,对监管机构引导城市商业银行良性发展具有借鉴意义。

本章其他部分的安排如下:第二部分提出研究假设,第三部分进行研究设计,第四部分为主要研究结果,最后是研究结论。

5.2 研究假设

5.2.1 城市商业银行高管薪酬延期支付与影子银行业务

根据《中华人民共和国商业银行法》的规定,商业银行的贷款利率和存贷比(2015年存贷比由法定监管指标转为流动性监测指标)等受到严格限制和监督。由于监管机构对商业银行的贷款总量和结构进行宏观调控,当商业银行在正常贷款渠道下,无法为房地产企业等受到政策限制的企业提供充足的贷款时,便有可能转向银信合作、银证合作等银行同业业务。为了避免信贷规模管制,商业银行会通过同业市场向影子银行系统配置金融资源。因此,裘翔和周强龙(2014)指出,中国的影子银行业务不同于西方国家的影子银行业务,西方国家的影子银行业务有利于提高融资效率,而中国的影子银行业务缺乏金融创新,本质上是为了规避管制,反而降低了融资效率,提高了银行系统性风险。中国的影子银行实际上是以抬高企业的融资成本为代价扩大商业银行的贷款业务规模。由于商业银行在实际操作中还需要对发行的理财产品进行刚性兑付(张磊,2008),因此商业银行在扩大影子银行业务规模时,需要同时承担高贷款利率可能引发的坏账风险和刚性兑付导致的期限错配的流动性风险,引发银行经营业绩的波动(孙浦阳等,2011)。

银监会于 2010 年发布的《商业银行稳健薪酬监管指引》（银监发〔2010〕14 号）规定，"第十一条 薪酬支付期限应与相应业务的风险持续时期保持一致。商业银行应根据不同业务活动的业绩实现和风险变化情况合理确定薪酬的支付时间并不断加以完善性调整"，"第十六条 商业银行高级管理人员以及对风险有重要影响岗位上的员工，其绩效薪酬的 40% 以上应采取延期支付的方式，且延期支付期限一般不少于 3 年，其中主要高级管理人员绩效薪酬的延期支付比例应高于 50%，有条件的应争取达到 60%。……如在规定期限内其高级管理人员和相关员工职责内的风险损失超常暴露，商业银行有权将相应期限内已发放的绩效薪酬全部追回，并止付所有未支付部分"。因此，实施高管薪酬延期支付政策后，银行高管在作出经营决策时，不仅需要以当期业绩表现为目标，还需要进一步将银行的未来风险纳入考量范围，避免本期的经营行为导致未来的风险损失超常暴露，而影子银行业务会增大城市商业银行未来的坏账风险和流动性风险。基于上述分析，本章提出假设 H5.1：

H5.1：相比未实施高管薪酬延期支付政策的城市商业银行，实施高管薪酬延期支付政策的城市商业银行的影子银行业务规模更小。

5.2.2 城市商业银行高管薪酬延期支付、风险水平与影子银行业务

已有研究表明，影子银行业务会加剧银行风险（张磊，2008；孙浦阳等，2011；祝继高等，2016）和系统性风险（Iori 等，2006；Nijskens 和 Wagner，2011；Gennaioli 等，2012；Gennaioli 等，2013；郭晔和赵静，2017）。而高管薪酬延期支付政策的实施目的在于提高高管对银行潜在风险的敏感性，加强商业银行的风险管控。对于本身风险水平较高的城市商业银行，高管薪酬更容易受到延期支付政策的影响。因此，在风险水平较高的城市商业银行

中，高管的决策更容易受到薪酬延期支付政策的影响，高管薪酬延期支付政策的效果会更显著，从而促使城市商业银行更有效地控制影子银行业务规模。基于上述分析，本章提出假设 H5.2：

H5.2：相比未实施高管薪酬延期支付政策的城市商业银行，当城市商业银行的风险水平较高时，实施高管薪酬延期支付政策对城市商业银行影子银行业务规模的负向影响更显著。

5.3 研究设计

5.3.1 研究样本

本章主要研究城市商业银行实施高管薪酬延期支付政策对影子银行业务规模的影响。本章的研究样本为 2006—2017 年的中国城市商业银行。借鉴祝继高等（2016），影子银行业务规模采用资产负债表中的买入返售金融资产数据进行衡量。城市商业银行实施高管薪酬延期支付政策的时间，以及其他涉及的城市商业银行的贷款损失准备计提信息、财务信息、审计信息与公司治理信息等数据来源于各城市商业银行官方网站发布的年报。本章最终获得 883 个"年度 - 银行"观测值（见表 5 - 1）。

表 5 - 1　　　　　　　　样本统计

年度	城市商业银行总数	样本量	比率（%）
2006	113	24	21.24
2007	124	30	24.19
2008	136	48	35.29
2009	143	59	41.26
2010	147	77	52.38

续表

年度	城市商业银行总数	样本量	比率（%）
2011	144	74	51.39
2012	144	75	52.08
2013	145	89	61.38
2014	133	84	63.16
2015	133	92	69.17
2016	134	116	86.57
2017	134	115	85.82
合计	1630	883	54.17

5.3.2 研究设计

1. 高管薪酬延付政策

本章采用银监会于2010年发布的《商业银行稳健薪酬监管指引》（银监发〔2010〕14号）作为外生事件。由于2010年以后并非所有银行都（同时）开始实施高管薪酬延期支付政策（何靖，2016a），因此本章借鉴Beck等（2010）的多期DID回归模型，在模型中控制年度固定效应和银行固定效应后，加入DEFER变量（如果城市商业银行已实施高管薪酬延期支付政策，则取值为1，否则为0）构成多期DID模型。表5-2为本书统计的2005—2017年在年报中明确阐述实施了高管薪酬延期支付政策的城市商业银行名单。

表5-2　2005—2017年中国实施高管薪酬延期支付政策的城市商业银行

年份	城市商业银行
2005	杭州银行
2006	日照银行

续表

年份	城市商业银行
2008	南京银行
2009	富滇银行
2010	长安银行、德阳银行、徽商银行、嘉兴银行、锦州银行、莱商银行、柳州市商业银行、洛阳银行、齐商银行、浙江泰隆商业银行
2011	丹东银行、东营银行、桂林银行、贵阳银行、哈尔滨银行、湖北银行、晋商银行、凉山州商业银行、攀枝花市商业银行、上海银行、苏州银行、唐山银行、温州银行、郑州银行、泸州市商业银行
2012	大连银行、东莞银行、福建海峡银行、广东华兴银行、葫芦岛银行、济宁银行、江苏银行、昆仑银行、绵阳市商业银行、内蒙古银行、盛京银行、遂宁市商业银行、泰安银行、浙江稠州商业银行
2013	河北银行、金华银行、晋城银行、宁夏银行、威海市商业银行
2014	保定银行、北京银行、广西北部湾银行、广州银行、邯郸银行、华融湘江银行、九江银行、廊坊银行、乐山市商业银行、龙江银行、宁波通商银行、宁波银行、平顶山银行、曲靖市商业银行、雅安市商业银行、重庆三峡银行、重庆银行
2015	包商银行、长沙银行、长治银行、抚顺银行、赣州市商业银行、江苏长江商业银行、江西银行、青岛银行、潍坊银行、宜宾市商业银行、自贡市商业银行
2016	承德银行、达州银行、阜新银行、甘肃银行、广东南粤银行、海南银行、汉口银行、吉林银行、库尔勒银行、营口银行
2017	朝阳银行、成都银行、晋中银行、兰州银行、秦皇岛银行、中原银行、珠海华润银行

资料来源：本书根据各城市商业银行的 2005—2017 年年报统计整理。

表 5-3 列出了根据本章整理的各城市商业银行年报中的高管薪酬延期支付政策数据，构建的 DEFER 变量在样本中的各年度取值情况。

表 5-3　　　　　　　DEFER 变量年度分布

年度	DEFER = 1	DEFER = 0	总样本
2006	1	23	24
2007	2	28	30
2008	3	45	48
2009	4	55	59
2010	14	63	77
2011	22	52	74
2012	34	41	75
2013	42	47	89
2014	48	36	84
2015	61	31	92
2016	78	38	116
2017	84	31	115
合计	393	490	883

2. 影子银行

与祝继高等（2016）一致，本章采用买入返售金融资产的规模来衡量商业银行从事影子银行业务的规模。买入返售金融资产比率等于买入返售金融资产除以总资产（SHADOW）。具体回归模型如下：

$$SHADOW = \beta_0 + \beta_1 DEFER + 城市商业银行控制变量 + 年度固定效应 + 银行固定效应 + \varepsilon \quad (5-1)$$

参考祝继高等（2016）和郭晔和赵静（2017）的研究设计，本章在回归模型中控制了银行资产规模（SIZE）、资产负债率（LEV）、资本充足率（CAR）、贷款比率（LOAN）、审计师特征（BIG4）、股权性质（STATE）、是否上市（LIST），以及城市商业银行注册地省份的市场化指数作为控制变量。为了控制其他潜在变量的影响，本章还在模型中控制了年度固定效应和银行固定效应，且标准误按银行和年度进行聚类（Petersen，2009），并经异方差修正。

表 5 - 4   变量定义

变量名称	变量定义
SHADOW	买入返售金融资产净额/资产总计
DEFER	如果城市商业银行已实施高管薪酬延期支付政策，则取值为1，否则为0
SIZE	Ln（总资产）
LEV	总负债/总资产
CAR	所有者权益总计/加权风险资产
LOAN	贷款总计/资产总计
BIG4	如果审计城市商业银行的会计师事务所是"四大"，则取值为1，否则为0
STATE	如果控股股东为国有法人，则取值为1，否则为0
LIST	如果城市商业银行已在A股或H股上市，则取值为1，否则为0
Market	市场化指数

5.3.3 描述性统计

表 5 - 5 为本章各变量的描述性统计。表 5 - 5 中，SHADOW 的最小值为 0.000，最大值为 0.327，平均值为 0.056，说明样本中的城市商业银行，影子银行业务（买入返售金融资产）占银行总资产的规模在 0.00% 到 32.7%，平均约为 5.6%。BIG4 的均值为 0.314，说明样本中 31.4% 的城市商业银行选择了"四大"会计师事务所进行审计；STATE 的均值为 71.7%，说明样本中 71.7% 的

城市商业银行的第一大股东具有国有背景；LIST 的均值为 0.078，说明样本中 7.8% 的城市商业银行已在 A 股或 H 股上市。上述比率表明，本章的城市商业银行研究样本与本书其他章节的研究样本结构一致，研究设计具有可行性。

表 5-5　　　　　　　　　描述性统计

变量名称	观测值	平均值	标准差	最小值	最大值
SHADOW	883	0.056	0.064	0.000	0.327
DEFER	883	0.445	0.497	0.000	1.000
SIZE	883	18.181	1.169	15.501	21.083
LEV	883	0.927	0.031	0.715	0.964
CAR	883	0.133	0.039	0.038	0.596
LOAN	883	0.443	0.109	0.184	0.670
BIG4	883	0.314	0.464	0.000	1.000
STATE	883	0.717	0.451	0.000	1.000
LIST	883	0.078	0.269	0.000	1.000
Market	883	6.829	1.655	1.020	10.000

表 5-6 为主要变量相关系数。SHADOW 与 DEFER 的相关系数为 -0.058，且在 10% 的水平上显著，说明实施高管薪酬延期支付政策与城市商业银行的影子银行业务规模具有显著负相关关系，初步支持了本章的假设 H5.1a。SHADOW 与 CAR 的相关系数为 0.117，且在 1% 的水平上显著；SHADOW 与 LOAN 的相关系数为 -0.300，且在 1% 的水平上显著；SHADOW 与 STATE 的相关系数为 0.116，且在 1% 的水平上显著；SHADOW 与 Market 的相关系数为 -0.086，且在 5% 的水平上显著，说明资本充足率较高、贷款规模较小，以及国有控股和注册地省份市场化程度较低的城市商业银行的影子银行业务规模更大。

表 5-6　主要变量相关系数

变量名称	1	2	3	4	5	6	7	8	9	10
SHADOW	1									
DEFER	-0.058*	1								
SIZE	0.019	0.379***	1							
LEV	0.034	-0.031	0.129***	1						
CAR	0.117***	-0.039	-0.148***	-0.495***	1					
LOAN	-0.300***	-0.254***	-0.426***	0.077**	-0.170***	1				
BIG4	0.037	0.215***	0.512***	0.115***	-0.094***	-0.164***	1			
STATE	0.116***	-0.024	-0.107***	0.083**	-0.033	0.029	-0.03	1		
LIST	-0.035	0.172***	0.461***	0.035	0.018	-0.177***	0.376***	-0.164***	1	
Market	-0.086**	0.208***	0.332***	0.01	-0.090***	0.070**	0.212***	-0.234***	0.233***	1

注：*10%水平上显著，**5%水平上显著，***1%水平上显著。

第5章 城市商业银行高管薪酬延期支付与影子银行业务

5.4 主要研究结果

5.4.1 城市商业银行高管薪酬延期支付与影子银行业务

表5-7报告了城市商业银行实施高管薪酬延期支付政策对影子银行业务规模的影响。其中，DEFER 的回归系数为 -0.015，且在5%的水平上显著，说明相比未实施高管薪酬延期支付政策的城市商业银行，实施高管薪酬延期支付政策的城市商业银行中，高管在开展银行业务时更加注重未来风险的管控，影子银行业务规模更低，支持了本章的假设 H5.1。

表5-7 城市商业银行高管薪酬延期支付与影子银行业务

变量名称	SHADOW
	(1)
DEFER	-0.015**
	(-2.28)
SIZE	0.016
	(1.52)
LEV	0.189**
	(2.65)
CAR	0.015
	(0.29)
LOAN	-0.188***
	(-3.92)
BIG4	0.008
	(0.72)
STATE	0.008
	(1.16)

续表

变量名称	SHADOW (1)
LIST	-0.021* (-1.81)
Market	-0.000 (-0.02)
Constant	-0.327 (-1.50)
年度效应	控制
银行效应	控制
观测值	883
Adjusted R^2	0.435

注：模型经异方差调整，并按银行和年度进行标准误差聚类，括号内是 Z 值；*10%水平上显著，**5%水平上显著，***1%水平上显著（下同）。

何靖（2016a）认为，由于高管薪酬延期支付期限一般为 3 年，因此高管的盈余管理动机在薪酬延期支付后的第 3 年尤为显著。为检验高管薪酬延期支付方式对城市商业银行影子银行业务规模的动态影响，本节进一步构建了动态影响模型。借鉴 Beck 等（2010）和何靖（2016a），本节构建了高管薪酬延期支付政策实施对城市商业银行影子银行业务规模影响的动态模型，以检验城市商业银行实施高管薪酬延期支付政策对影子银行业务规模的长期影响。具体模型如下：

$$SHADOW = \beta_0 + \beta_1 DEFER^{-3} + \beta_2 DEFER^{-2} + \beta_3 DEFER^{-1} + \beta_4 DEFER^0 + \beta_5 DEFER^{+1} + \beta_6 DEFER^{+2} + \beta_7 DEFER^{+3} + 城市商业银行控制变量 + 年度固定效应 + 银行固定效应 + \varepsilon \quad (5-2)$$

其中，$DEFER^{-t}$ 变量的定义为：城市商业银行开始实施高管薪酬延期支付政策前的第 t 年，取值为 1，否则为 0；$DEFER^0$ 变量的定义为：为城市商业银行开始实施高管薪酬延期支付政策的当年，取值为1,否则为0;$DEFER^{+1}$变量的定义为:城市商业银行开始实施高管薪酬延期支付政策后的第t年,取值为1,否则为0。

表5-8报告了公式(5-2)的回归结果。其中$DEFER^{-3}$、$DEFER^{-2}$和$DEFER^{-1}$的回归系数均不显著;$DEFER^0$的回归系数为-0.011,且在5%的水平上显著;$DEFER^{+1}$和回归系数不显著;$DEFER^{+2}$的回归系数为-0.011,且在5%的水平上显著;$DEFER^{+3}$和回归系数不显著。表5-8的结果表明,高管薪酬延期支付政策从政策实施开始产生影响,之后,该政策的实施对影子银行业务规模的影响在第二年较为显著。这说明,城市商业银行实施高管薪酬延期支付政策后,高管会在绩效薪酬考核截止年度前更加积极地调整银行的影子银行业务。

表5-8　城市商业银行高管薪酬延期支付对影子银行业务规模的动态影响

变量名称	SHADOW
	(1)
$DEFER^{-3}$	0.010
	(1.10)
$DEFER^{-2}$	-0.008
	(-1.32)
$DEFER^{-1}$	-0.001
	(-0.14)
$DEFER^0$	-0.011**
	(-2.54)
$DEFER^{+1}$	-0.010
	(-1.16)
$DEFER^{+2}$	-0.011**
	(-2.78)
$DEFER^{+3}$	-0.001
	(-0.29)

续表

变量名称	SHADOW
	(1)
SIZE	0.015
	(1.79)
LEV	0.192***
	(3.67)
CAR	0.020
	(0.35)
LOAN	-0.190***
	(-5.34)
BIG4	0.006
	(0.77)
STATE	0.009
	(1.78)
LIST	-0.023***
	(-3.23)
Market	0.000
	(0.10)
Constant	-0.322
	(-1.70)
年度效应	控制
银行效应	控制
观测值	883
Adjusted R^2	0.432

5.4.2 城市商业银行高管薪酬延期支付、风险水平与影子银行业务

祝继高等（2016）发现，商业银行开展影子银行业务是为了

规避贷款能力受监管限制而对业绩造成的负面影响,并且,商业银行从事影子银行业务的规模越大,其潜在经营风险越高。郭晔和赵静(2017)也发现,商业银行的存款竞争会导致影子银行业务规模的增强,并进一步增加银行系统风险。高管薪酬延期支付是为了避免本期的经营行为导致未来的风险损失超常暴露,因此,当商业银行的风险较高时,延期支付对高管的薪酬影响会更大,从而使高管的经营行为更加保守。如果商业银行是由于贷款能力受限导致业绩水平降低,从而选择扩大影子银行业务规模,那么在业绩较差的商业银行中,高管薪酬延期支付对影子银行业务的制约能力会更强。同时,商业银行的经营风险越高,未来风险损失超长暴露的可能性也越大,高管薪酬延期支付对影子银行业务的制约能力也会更强。因此,本节进一步将城市商业银行样本分别按经营业绩(ROA=净利润/资产总计)和破产风险水平(ZSCORE[①])分组进行回归。表5-9报告了分组回归结果。

表5-9 城市商业银行高管薪酬延期支付、风险水平与影子银行业务

变量名称	SHADOW			
	(1)	(2)	(3)	(4)
	ROA <中位数	ROA >中位数	ZSCORE <中位数	ZSCORE >中位数
DEFER	-0.028** (-2.28)	-0.015 (-1.35)	-0.020** (-2.42)	-0.010 (-1.01)
SIZE	0.005 (0.51)	0.051** (2.39)	0.011 (1.00)	0.048** (2.23)

① 借鉴 Houston 等(2010),本节以 ZSCORE 衡量银行风险承担水平:ZSCORE = (AROA + ACAR)/σ(ROA)。其中,AROA 和 ACAR 分别为城市商业银行的平均资产收益率和平均资本充足率,σ(ROA)为总资产收益率的标准差。ZSCORE 的取值越小,城市商业银行风险承担水平越高。

续表

变量名称	SHADOW			
	(1) ROA <中位数	(2) ROA >中位数	(3) ZSCORE <中位数	(4) ZSCORE >中位数
LEV	0.409** (2.63)	0.051 (1.02)	0.200** (2.24)	0.104 (0.85)
CAR	0.079 (0.68)	-0.070 (-0.85)	0.049 (0.34)	0.059 (0.55)
LOAN	-0.216** (-2.80)	-0.044 (-0.62)	-0.205** (-2.44)	-0.145* (-2.05)
BIG4	-0.001 (-0.13)	0.001 (0.08)	-0.003 (-0.16)	0.015 (1.07)
STATE	0.005 (0.45)	0.005 (0.35)	0.006 (0.62)	0.017* (1.82)
LIST	-0.009 (-0.91)	-0.023 (-1.06)	-0.051** (-2.24)	-0.002 (-0.18)
Market	-0.013 (-0.75)	0.011 (1.21)	-0.018 (-1.36)	0.016 (1.68)
Constant	-0.236 (-0.90)	-0.948** (-2.26)	-0.121 (-0.53)	-0.990* (-2.08)
年度效应	控制	控制	控制	控制
银行效应	控制	控制	控制	控制
观测值	429	419	434	434
Adjusted R^2	0.484	0.365	0.401	0.457

表5-9中,模型(1)和(2)是按城市商业银行经营业绩分组后的回归结果。模型(1)中,DEFER的回归系数为-0.028,且在5%的水平上显著;模型(2)中,DEFER的回归系数不显著。模型(3)和(4)是按城市商业银行风险承担水平分组后的

第 5 章 城市商业银行高管薪酬延期支付与影子银行业务

回归结果。模型（3）中，DEFER 的回归系数为 -0.020，且在 5% 的水平上显著；模型（4）中，DEFER 的回归系数不显著。表 5-9 的结果表明，城市商业银行的风险水平越高，高管薪酬延期支付政策对影子银行业务规模的负向影响越显著，支持了本章的假设 H5.2。

5.4.3 稳健性检验

1. 存放同业款项、买入返售金融资产净额和应收款项类投资

本书在梳理监管机构对影子银行的监管政策时发现，近年来商业银行通过买入返售金融资产科目开展影子银行业务逐渐受到限制，非标资产大量转向存放同业款项和应收款项类投资科目。这一时间趋势问题可能会导致伪回归结果。因此，为了使本章的研究结论更具有说服力，本节重新构建了影子银行业务规模的衡量变量——以存放同业款项、买入返售金融资产净额和应收款项类投资占总资产比例之和为因变量进行回归。表 5-10 报告了回归结果。

表 5-10 城市商业银行高管薪酬延期支付、风险水平与影子银行业务

变量名称	SHADOW_robust [（存放同业款项+买入返售金融资产净额+应收款项类投资）/总资产]				
	（1）	（2）	（3）	（4）	（5）
		ROA ＜中位数	ROA ＞中位数	ZSCORE ＜中位数	ZSCORE ＞中位数
DEFER	-0.018** (-2.24)	-0.029** (-2.21)	-0.012 (-1.05)	-0.021* (-1.85)	-0.012 (-0.77)
SIZE	0.043** (2.68)	0.050* (2.16)	0.139*** (3.20)	0.014 (1.07)	0.120*** (5.17)
LEV	0.145 (1.30)	0.698*** (5.39)	-0.164 (-1.26)	0.205 (1.59)	-0.716 (-1.02)

续表

变量名称	SHADOW_robust [（存放同业款项＋买入返售金融资产净额＋应收款项类投资）/总资产]				
	(1)	(2)	(3)	(4)	(5)
		ROA <中位数	ROA >中位数	ZSCORE <中位数	ZSCORE >中位数
CAR	0.011	0.252	-0.216*	0.026	-0.180
	(0.16)	(1.56)	(-1.91)	(0.09)	(-0.56)
LOAN	-0.597***	-0.596***	-0.281*	-0.740***	-0.451***
	(-12.96)	(-7.35)	(-1.91)	(-11.12)	(-9.94)
BIG4	0.043***	0.018	0.055***	0.048**	0.043**
	(4.13)	(1.28)	(3.65)	(2.99)	(3.06)
STATE	-0.025**	-0.022	-0.034*	-0.014	-0.025
	(-2.57)	(-1.01)	(-1.81)	(-1.28)	(-1.30)
LIST	-0.007	-0.044**	0.037**	-0.017	0.008
	(-0.49)	(-2.47)	(2.24)	(-0.56)	(0.47)
Market	-0.010	-0.004	-0.014	-0.039**	0.009
	(-1.16)	(-0.17)	(-1.53)	(-2.27)	(0.73)
Constant	-0.382	-1.075**	-1.921**	0.347	-1.181
	(-1.23)	(-2.29)	(-2.20)	(1.17)	(-1.59)
年度效应	控制	控制	控制	控制	控制
银行效应	控制	控制	控制	控制	控制
观测值	691	335	331	340	343
Adjusted R^2	0.733	0.731	0.783	0.691	0.758

表5-10的模型（1）中，DEFER的回归系数在5%的水平上显著为负，说明相比未实施高管薪酬延期支付政策的城市商业银行，实施高管薪酬延期支付政策的城市商业银行的影子银行业务规模更小，支持了本章的主要研究结论。

本章的5.4.2节还发现城市商业银行的风险水平越高，高管薪酬延期支付政策对影子银行业务规模的负向影响越显著。因此，本节还按风险水平高低对总样本进行分组后，以存放同业款项、买入返售金融资产净额和应收款项类投资占总资产比例之和为因变量进行回归。模型（2）和（3）为按城市商业银行经营业绩进行分组回归的检验结果；模型（4）和（5）为按城市商业银行破产风险水平进行分组回归的检验结果。模型（2）中 DEFER 的回归系数在 5% 的水平上显著为负，模型（3）中 DEFER 的回归系数不显著；模型（4）中 DEFER 的回归系数在 10% 的水平上显著为负，模型（5）中 DEFER 的回归系数不显著。上述结果与表 5-9 的回归结果一致，进一步说明相比未实施高管薪酬延期支付政策的城市商业银行，当城市商业银行的风险水平较高时，实施高管薪酬延期支付政策对城市商业银行影子银行业务规模的负向影响更显著。

综上所述，表 5-10 的回归结果与本章的主要研究结果一致，说明本章的研究结论是稳健的。

2. 安慰剂检验

本章主要分析高管薪酬延期支付政策的实施对城市商业银行影子银行业务规模的影响，发现相比未实施高管薪酬延期支付政策的城市商业银行，实施了高管薪酬延期支付政策的城市商业银行的影子银行业务规模更小。但是，本章的实证研究结果也有可能是外部整体环境引发的时间趋势所导致的。因此，为了排除时间趋势对本章研究结论的影响，本节进行了安慰剂检验。具体地，本节分别假定：

（1）将所有城市商业银行实施高管薪酬延期支付政策的开始年份比真实年份（DEFER_YEAR）提前一年，构建 DEFER_PLA-CEBO_1 指标；

（2）将所有城市商业银行实施高管薪酬延期支付政策的开始年份比真实年份（DEFER_YEAR）推后一年，构建 DEFER_PLA-CEBO_2 指标。

即 DEFER（原解释变量）的构建方式为：若观测值所属年度 ≥ DEFER_YEAR，则 DEFER 取值为 1，否则为 0，而本节的解释变量构建方式为：

（1）DEFER_PLACEBO_1：若观测值所属年度 ≥ DEFER_YEAR-1，则 DEFER_PLACEBO_1 取值为 1，否则为 0；

（2）DEFER_PLACEBO_1：若观测值所属年度 ≥ DEFER_YEAR+1，则 DEFER_PLACEBO_2 取值为 1，否则为 0。

表 5-11 报告了分别以 DEFER_PLACEBO_1 和 DEFER_PLACEBO_2 为解释变量的回归结果。模型（1）中，DEFER_PLACEBO_1 的回归系数不显著；模型（2）中，DEFER_PLACEBO_2 的回归系数亦不显著。表 5-11 的结果通过了安慰剂检验，说明本章的主要结论是稳健的。

表 5-11　城市商业银行高管薪酬延期支付与影子银行业务——安慰剂检验

变量名称	SHADOW	
	（1）	（2）
DEFER_PLACEBO_1	-0.013	
	(-1.77)	
DEFER_PLACEBO_2		-0.008
		(-1.51)
SIZE	0.016	0.015
	(1.54)	(1.40)
LEV	0.195**	0.195**
	(2.80)	(2.89)
CAR	0.028	0.017
	(0.51)	(0.31)
LOAN	-0.187***	-0.190***
	(-3.99)	(-3.88)

续表

变量名称	SHADOW	
	(1)	(2)
BIG4	0.007	0.008
	(0.66)	(0.70)
STATE	0.009	0.007
	(1.23)	(1.01)
LIST	-0.022*	-0.022*
	(-1.91)	(-1.81)
MARKET	0.000	-0.000
	(0.03)	(-0.02)
Constant	-0.339	-0.317
	(-1.58)	(-1.44)
年度效应	控制	控制
银行效应	控制	控制
观测值	883	883
Adjusted R^2	0.434	0.431

5.5 本章小结

本章主要研究了城市商业银行实施高管薪酬延期支付政策对影子银行业务规模的影响。研究发现，相比未实施高管薪酬延期支付政策的城市商业银行，实施了高管薪酬延期支付政策的城市商业银行的影子银行业务规模更小。这表明，高管薪酬延期支付政策能够有效增强城市商业银行高管对银行风险承担水平的敏感度，促使其在拓展业务的同时更加关注潜在风险。进一步研究还发现，该政策的实施效果在业绩表现较差和风险承担水平较高的城市商业银行中更为显著。这进一步体现出,高管薪酬延期支付政策是通过加强高管对银行风险管控的重视,促使城市商业银行控制影子银行业务规模而达到预期效果的。安慰剂检验排除了外部环境导致的时间趋势对本章研究结果的影响,说明本章的研究结果是稳健的。

本章的研究结论对于防范金融风险具有借鉴意义。防范和化解金融风险,防止发生系统性金融风险,是深化金融供给侧结构性改革的重要内容。影子银行业务具有较高风险,合理控制影子银行业务规模对银行业乃至金融行业和国民经济整体具有重要意义。本章研究结论表明,通过完善薪酬激励政策,加强对中小商业银行的政策引导,能够有效提高城市商业银行的内部公司治理水平,控制城市商业银行的影子银行业务规模,从而降低银行个体金融风险和系统性金融风险。

第6章 研究结论与启示

本章是对全书的总结,首先对全书的主要研究结论进行了归纳总结,其次根据研究结论提出针对中国城市商业银行发展的政策建议,最后指出全书的局限性和未来可以进一步研究的方向。

6.1 主要研究结论

银行业相比其他行业具有更高的系统性风险,因此银行经常成为被单独研究的对象。但是,由于数据样本的可获得性,已有关于金融资源配置的研究仍然主要从资源使用方——实体企业的角度进行分析。而针对资金供给方——银行的研究主要考察了银行风险承担水平的影响因素和经济后果。已有对企业融资成本的研究、对商业银行的风险与绩效管理、企业视角的金融资源配置、商业银行监管等问题的研究,为本书提供了良好的理论基础和研究方法基础,但是仍存在以下三个方面的问题:首先,现有的信贷研究文献无法充分体现银行市场环境对资本市场信贷成本的影响机制。银行企业与非银行企业具有巨大差异,因此,以商业银行为研究样本研究多方面市场环境对银行决策的影响机制能够更加直观地体现金融资源配置的影响路径。其次,由于受到研究样本范围的限制,已有文献中的研究结论可能无法全面反映特定商业银行的特点,政策建议缺乏针对性,因此,针对城市商业银行的金融资源配置研究能够更有效地为城市商业银行和地方经济发展提供建议。最后,基于西方国家银行业环境的商业银行研究可能无法回答中国商业银行面临的决策问题,尤其是亟待找到自身发展路径的中国城市商业银行,因此,关注政府干预等制度环境和治理特色对于城市商业银行决策和金融资源配置的影响,能够为中国进一步深化供给侧结构性改革提供理论支持。

本书之所以选择中国的城市商业银行为研究样本,是因为近年来,城市商业银行发展迅速,但是在高速发展的背后也存在着巨大的风险。城市商业银行在地方金融市场中的中小企业金融资源配置发挥着越来越重要的作用,但大部分城市商业银行未上市,因此相比其他类型商业银行,缺乏相应的实证研究。本书研究城市商业银行这一区域经营性银行的金融资源配置的影响因素和风险后果,使解释变量和被解释变量均具有面板数据特征,从而有效缓解时间趋势问题可能导致的伪回归结果,使得研究结论更加可靠。

本书通过收集和整理2006—2017年的城市商业银行年报,得到了2006—2017年城市商业银行相关数据。为了研究城市商业银行金融资源配置的影响因素,本书还利用银监会发布的金融许可证信息计算了中国各省份的银行市场集中度;利用银监会发布的行政信息公开数据整理了城市商业银行的跨省经营相关数据;利用各省地方政府发布的"十一五""十二五"规划纲要整理了各省的产业政策数据。在上述数据基础上,本书以正常贷款业务——贷款拨备——影子银行的这一商业银行业务路线为研究路线,分析了城市商业银行金融资源配置的影响因素和风险后果。本书的研究结论主要有以下四个方面。

第一,如果城市商业银行的贷款客户或贷款行业属于地方政府产业政策支持行业,其贷款额度在银行贷款总计中占比偏低,且向地方政府产业政策支持行业发放贷款会提高银行不良贷款率。

虽然已有研究表明,受产业政策支持的企业更容易获得融资,但是本书发现,地方政府产业政策对城市商业银行的相关行业贷款存在挤出效应。尤其在银行市场集中度较高，即大型商业银行和股份制商业银行影响力较大的省份，城市商业银行受到的挤出效应更显著。这说明，城市商业银行在本地银行市场仍然与全国性经营的商业银行存在激烈竞争。进一步检验表明，城市商业银行向地方政府产业政策支持企业发放的贷款量越大，其不良贷款率越高。但是，当城市商业银行实施高管薪酬延期支付政策后，由地方政府产业政策引导的贷款发放不会导致城市商业银行不良贷款率的升高。

第二，当城市商业银行准备申请开设新的跨省分行时，会倾向于提高拨备覆盖率；新跨省分行申请获批后，倾向于降低拨备覆盖率。

城市商业银行被定位为区域性商业银行，在申请设立跨省分支机构时，需要经过监管机构审批，因此，为了向监管机构释放积极信号，城市商业银行在准备申请开设新的跨省分行时，会倾向于提高拨备覆盖率。并且，这一动机在"非四大"会计师事务所审计的城市商业银行中，和将要在银行市场集中度较低的省份新开设分行时更为显著。在2011年城市商业银行跨省扩张政策收紧后，该动机明显被削弱。而在完成新设跨省分行的申请和开业后，城市商业银行更倾向于调低拨备覆盖率。进一步检验表明，城市商业银行在设立跨省分行申请获得批复后调低拨备覆盖率的原因是为了降低贷款损失准备对银行净利润的不利影响。由于申请已获得批复，城市商业银行通过拨备覆盖率向监管机构传递积极信号的动机降低，并且通过降低拨备覆盖率进行盈余管理的动机显著提高。

第三，相比未实施高管薪酬延期支付政策的城市商业银行，实施了高管薪酬延期支付政策的城市商业银行的影子银行业务规模更小。

高管薪酬延期支付政策能够有效增强城市商业银行高管对银行风险承担水平的敏感度，促使其在拓展业务的同时更加关注潜在风险。而城市商业银行的影子银行业务存在巨大风险，未来风险暴露的可能性较高。因此，实施高管薪酬延期支付政策后，城市商业银行的高管在拓展业务时会更加考虑未来潜在风险，在开展影子银行业务时会更加谨慎，因此城市商业银行的影子银行业务规模会受到负向影响。并且，影响机制检验表明，高管薪酬延期支付政策的实施效果在业绩表现较差和风险承担水平较高的城市商业银行中更为显著，说明在风险水平较高的城市商业银行中，该政策提高银行高管风险敏感度的效果更加显著。另外，安慰剂检验排除了外部环境变化导致的时间趋势对上述研究结果可能存在的影响。

6.2 研究启示与政策建议

深化金融供给侧结构性改革是近期中国金融行业的重要工作，其中，"发力金融服务实体经济""发力金融体系结构优化""发力金融风险防范"是改革的重要内容。本书研究城市商业银行这一中小型银行代表的金融资源配置，对于提高城市商业银行的金融资源配置效率，从而更好地服务中小企业发展、优化地方金融体系、防范和化解系统性金融风险具有借鉴意义。基于本书的研究结论，主要有如下研究启示与政策建议。

1. 引导银行业良性竞争

银行市场中较高的集中度并不意味着较低的竞争度。较高的银行市场集中度可能会导致城市商业银行等中小银行的贷款业务受到影响，并促使城市商业银行采取低效措施拓展贷款业务。为了提高金融资源配置效率，地方政府应该正确引导商业银行间的良性竞争，降低外地商业银行的进入壁垒。同时，积极鼓励和正确引导城市商业银行在立足于服务本地经济的前提下，参与外地银行市场的竞争，提高银行经营效率。

2. 有效监管核心指标

拨备覆盖率能够衡量城市商业银行是否对不良贷款计提了充足的贷款损失准备。城市商业银行在金融系统，尤其是地方金融系统中发挥着重要作用，因此需要更加合理地计提贷款损失准备来应对金融风险。城市商业银行大规模的扩张一方面会为城市商业银行带来更多的发展机会，另一方面也可能导致风险累积。因此，监管机构应当合理利用商业银行的各项监管指标，完善相应监管政策。同时，监管机构需进一步加强管控金融机构的宏观布局，关注欠发达地区的金融服务覆盖状况，合理对待不同发展水平的城市商业银行和处于不同发展地区的城市商业银行。

3. 提高银行内部治理水平

防范和化解金融风险，防止发生系统性金融风险，需要从金融市场主体——银行出发，从内部改善资源配置效率。通过完善薪酬激励等有利政策，加强对中小商业银行的政策引导；同时，引导中小型银行建立有效的风险管理体系，缓解中小企业的信息不对称问题导致的信贷歧视和信贷配给现象，提高金融资源配置效率。有效提高城市商业银行的内部公司治理水平和风险管理体系，才能从根本上提高银行个体和银行业整体的金融资源配置效率，降低银行个体金融风险和系统性金融风险，以更好地服务实体经济。

6.3 局限性与未来研究方向

6.3.1 本书的局限性

虽然本书按正常贷款业务——贷款拨备——影子银行的这一商业银行业务路线为研究路线，对城市商业银行金融资源配置的影响因素和经济后果进行了多角度的分析和探讨,对已有研究进行了较好的补充,但是仍然由于数据等方面的局限性存在一些不足之处,具体表现在以下两个方面。

1. 研究数据的局限

本书以城市商业银行为对象进行研究,但是由于早期年报的缺失,最后获得数据仍然为非平衡面板数据。但是,从本书各章的描述性统计中可以看到,随着时间的推移,本书样本包含的观测值在当年城市商业银行总体中的比例逐年提升,因此研究结论是具有现实意义的。

截至2017年12月31日,中国银行业金融机构合计4532家。其中,大型商业银行5家,股份制商业银行12家,城市商业银行134家。此外,还有农村商业银行1262家,企业集团财务公司247家,民营银行17家,等等。这些金融机构也是中国金融业的组成部分,在企业融资领域发挥作用。因此,针对这些金融机构的研究对于深化金融供给侧结构性改革也是具有重要意义的。

2. 指标衡量的局限

本书主要采用贷款利率、贷款行业分布、拨备覆盖率和影子银行业务规模(买入返售金融资产)研究了城市商业银行的金融资源配置,同时在回归模型中主要控制了城市商业银行的资产规模、资本充足率、审计师特征、产权性质、是否上市等特征变量,以及年度固定效应和银行固定效应。上述指标在大部分城市商业银行的年报中获得。但是具体到各贷款企业的详细贷款说明(例如其他贷款标准、违约事项)、跨省经营的城市商业银行的分地区贷款分布、申请跨省经营但未获得批复的相关信息,以及影子银行的其他度量方法等指标无法有效收集。因此,针对城市商业银行金融资源配置效率的研究内容在未来仍然可以进一步完善。

6.3.2 未来研究方向

1. 进一步拓展研究对象

中国的地方性商业银行主要有城市商业银行和农村商业银行。除了城市商业银行，研究农村商业银行的金融资源配置效率也均具有重要意义，特别是对农村、农业相关的实体企业发展具有重要意义。另外，对于全国性商业银行，例如大型商业银行、股份制商业银行，以及部分在多省设立分支机构的城市商业银行（例如北京银行、上海银行），采用各银行的各省分行数据进行实证研究，也可以在利用面板数据的优势上，获得更丰富的研究结论。同时，对城市商业银行与其他类型商业银行的区别和联系进行更加深入的研究，也能为更好地防范和化解系统性金融风险提供建议。

2. 城市商业银行与贷款企业行为

本书主要研究城市商业银行的行为，分析了影响城市商业银行金融资源配置的因素。但是金融资源配置涉及供给与需求两个方面，探究贷款企业与城市商业银行之间如何相互影响有利于进一步理解和完善金融资源的分配。因此，未来需要进一步挖掘和分析地方中小企业与城市商业银行间的贷款数据，更深入地刻画银行与实体企业间的相互影响。

参考文献

[1] 毕晓方,张俊民,李海英.产业政策、管理者过度自信与企业流动性风险[J].会计研究,2015(03):57-63.

[2] 蔡竞,董艳.银行业竞争与企业创新——来自中国工业企业的经验证据[J].金融研究,2016(11):96-111.

[3] 蔡卫星.分支机构市场准入放松、跨区域经营与银行绩效[J].金融研究,2016(06):127-141.

[4] 曹廷求,张光利,位华,李维安.银行治理、治理机制与治理风险——首届银行治理研讨会综述[J].经济研究,2010(09):149-154.

[5] 陈冬华,姚振晔.政府行为必然会提高股价同步性吗?——基于我国产业政策的实证研究[J].经济研究,2018(12):112-128.

[6] 陈学彬.中国商业银行薪酬激励机制分析[J].金融研究,2005(07):76-94.

[7] 邓超,敖宏,胡威,王翔.基于关系型贷款的大银行对小企业的贷款定价研究[J].经济研究,2010(02):83-96.

[8] 丁友刚,岳小迪.贷款拨备、会计透明与银行稳健[J].会计研究,2009(03):31-38.

[9] 方芳,蔡卫星.银行业竞争与企业成长:来自工业企业的经验证据[J].管理世界,2016(07):63-75.

[10] 方军雄.所有制、制度环境与信贷资金配置[J].经济研究,2007(12):82-92.

[11] 郭晔, 赵静. 存款竞争、影子银行与银行系统风险——基于中国上市银行微观数据的实证研究 [J]. 金融研究, 2017 (06): 81-94.

[12] 韩永辉, 黄亮雄, 王贤彬. 产业政策推动地方产业结构升级了吗? ——基于发展型地方政府的理论解释与实证检验 [J]. 经济研究, 2017 (08): 33-48.

[13] 郝项超. 高管薪酬、政治晋升激励与银行风险 [J]. 财经研究, 2015 (06): 94-106.

[14] 何靖. 延付高管薪酬对银行风险承担的政策效应——基于银行盈余管理动机视角的 PSM-DID 分析 [J]. 中国工业经济, 2016 (11): 126-143.

[15] 何靖. 延付高管薪酬降低了银行风险偏好吗? ——信贷资产配置行为视角的研究 [J]. 财贸经济, 2016 (11): 77-96.

[16] 何贤杰, 朱红军, 陈信元. 政府的多重利益驱动与银行的信贷行为 [J]. 金融研究, 2008 (06): 1-20.

[17] 洪正, 申宇, 吴玮. 高管薪酬激励会导致银行过度冒险吗? ——来自中国房地产信贷市场的证据 [J]. 经济学（季刊），2014 (04): 1585-1614.

[18] 黄秀路, 葛鹏飞. 债权激励降低了银行系统性风险吗? [J]. 财经研究, 2018 (01): 47-60.

[19] 贾春新, 夏武勇, 黄张凯. 银行分支机构、国有银行竞争与经济增长 [J]. 管理世界, 2008 (02): 7-14.

[20] 江飞涛, 李晓萍. 直接干预市场与限制竞争: 中国产业政策的取向与根本缺陷 [J]. 中国工业经济, 2010 (09): 26-36.

[21] 江飞涛, 李晓萍. 改革开放四十年中国产业政策演进与发展——兼论中国产业政策体系的转型 [J]. 管理世界, 2018 (10): 73-85.

[22] 姜国华, 饶品贵. 宏观经济政策与微观企业行为——拓

展会计与财务研究新领域 [J]. 会计研究, 2011 (03): 9-18.

[23] 蒋海, 朱滔, 李东辉. 监管、多重代理与商业银行治理的最优激励契约设计 [J]. 经济研究, 2010 (04): 40-53.

[24] 黎文飞, 巫岑. 产业政策与会计稳健性 [J]. 会计研究, 2019 (01): 65-71.

[25] 黎文靖, 李耀淘. 产业政策激励了公司投资吗? [J]. 中国工业经济, 2014 (05): 122-134.

[26] 黎文靖, 郑曼妮. 实质性创新还是策略性创新?——宏观产业政策对微观企业创新的影响 [J]. 经济研究, 2016 (04): 60-73.

[27] 李梦雨, 魏熙晔. 经济下行背景下城市商业银行跨区域经营研究 [J]. 中央财经大学学报, 2016 (10): 39-47.

[28] 李廷瑞, 李博阳. 员工薪酬激励对商业银行风险承担的影响, 北京理工大学学报 (社会科学版), 2020 (01): 70-81.

[29] 李维安, 曹廷求. 股权结构、治理机制与城市银行绩效——来自山东、河南两省的调查证据 [J]. 经济研究, 2004 (12): 4-15.

[30] 李维安, 钱先航. 地方官员治理与城市商业银行的信贷投放 [J]. 经济学 (季刊), 2012 (04): 1239-1260.

[31] 林毅夫, 姜烨. 经济结构、银行业结构与经济发展——基于分省面板数据的实证分析 [J]. 金融研究, 2006 (01): 7-22.

[32] 林毅夫, 李永军. 中小金融机构发展与中小企业融资 [J]. 经济研究, 2001 (01): 10-18.

[33] 林毅夫, 孙希芳. 银行业结构与经济增长 [J]. 经济研究, 2008 (09): 31-45.

[34] 刘春志, 范尧熔. 银行贷款集中与系统性风险——基于中国上市商业银行 (2007—2013) 的实证研究 [J]. 宏观经济研究, 2015 (02): 94-108.

[35] 刘伟，黄桂田．银行业的集中、竞争与绩效［J］．经济研究，2003（11）：14-21．

[36] 刘星，蒋水全．银行股权关联、银行业竞争与民营企业融资约束［J］．中国管理科学，2015（12）：1-10．

[37] 鲁丹，肖华荣．银行市场竞争结构、信息生产和中小企业融资［J］．金融研究，2008（05）：107-113．

[38] 陆正飞，韩非池．宏观经济政策如何影响公司现金持有的经济效应？——基于产品市场和资本市场两重角度的研究［J］．管理世界，2013（06）：43-60．

[39] 马君潞，郭牧炫，李泽广．银行竞争、代理成本与借款期限结构——来自中国上市公司的经验证据［J］．金融研究，2013（04）：71-84．

[40] 潘士远，金戈．发展战略、产业政策与产业结构变迁——中国的经验［J］．世界经济文汇，2008（01）：64-76．

[41] 彭小兵，马泉，蒲勇健．基于股票期权的商业银行经理人激励约束机制研究［J］．管理工程学报，2007（02）：42-46．

[42] 钱先航，曹廷求，李维安．晋升压力、官员任期与城市商业银行的贷款行为［J］．经济研究，2011（12）：72-85．

[43] 钱学锋，张洁，毛海涛．垂直结构、资源误置与产业政策［J］．经济研究，2019（02）：54-67．

[44] 钱雪松，康瑾，唐英伦，曹夏平．产业政策、资本配置效率与企业全要素生产率——基于中国2009年十大产业振兴规划自然实验的经验研究［J］．中国工业经济，2018（08）：42-59．

[45] 裘翔，周强龙．影子银行与货币政策传导［J］．经济研究，2014（05）：91-105．

[46] 瞿宛文．超赶共识监督下的中国产业政策模式——以汽车产业为例［J］．经济学（季刊），2009（02）：501-532．

[47] 宋凌云，王贤彬．重点产业政策、资源重置与产业生产

率［J］. 管理世界, 2013 (12): 63-77.

［48］宋清华, 曲良波. 高管薪酬、风险承担与银行绩效: 中国的经验证据［J］. 国际金融研究, 2011 (12): 69-79.

［49］宋献中, 禹天寒. 商业银行高管薪酬、风险承担水平与银行绩效——基于信贷集中度与损失类贷款研究［J］. 华东经济管理, 2018 (05): 172-176.

［50］宋增基, 杨天赋, 王戈阳. 上市银行董事会独立性、CEO薪酬与绩效——来自中国上市银行的经验证据［J］. 山西财经大学学报, 2010 (10): 88-94.

［51］孙君阳, 徐娜. 高管薪酬契约与商业银行综合绩效——基于我国上市银行的实证分析［J］. 中央财经大学学报, 2011 (08): 29-34.

［52］孙浦阳, 靳一, 张亮. 金融服务多样化是否能真正改善银行业绩？——基于OECD359家银行的实证研究［J］. 金融研究, 2011 (11): 112-124.

［53］王朝弟. 中小商业银行公司治理机制与经营绩效关系的实证分析［J］. 南开管理评论, 2007 (04): 67-72.

［54］王克敏, 刘静, 李晓溪. 产业政策、政府支持与公司投资效率研究［J］. 管理世界, 2017 (03): 113-124.

［55］王擎, 吴玮, 黄娟. 城市商业银行跨区域经营: 信贷扩张、风险水平及银行绩效［J］. 金融研究, 2012 (01): 141-153.

［56］王咏梅, 王鹏. "四大"与"非四大"审计质量市场认同度的差异性研究［J］. 审计研究, 2006 (05): 49-56.

［57］巫岑, 黎文飞, 唐清泉. 产业政策与企业资本结构调整速度［J］. 金融研究, 2019 (04): 92-110.

［58］谢露, 王欣, 张敏. 区域竞争与商业银行的盈余质量——基于我国商业银行的经验证据［J］. 金融研究, 2016 (07): 134-149.

[59] 谢世清,王龙. 城市商业银行省内外跨区域经营效果的实证研究 [J]. 宏观经济研究,2019 (04):98 – 106.

[60] 徐璐,叶光亮. 银行业竞争与市场风险偏好选择——竞争政策的金融风险效应分析 [J]. 金融研究,2018 (03):105 – 120.

[61] 徐忠,沈艳,王小康,沈明高. 市场结构与我国银行业绩效:假说与检验 [J]. 经济研究,2009 (10):75 – 86.

[62] 许国平,葛蓉蓉. 国有商业银行薪酬制度改革的现状与问题 [J]. 金融研究,2006 (12):73 – 81.

[63] 严楷,杨筝,赵向芳,王红建. 银行管制放松、地区结构性竞争与企业风险承担 [J]. 南开管理评论,2019 (01):124 – 138.

[64] 杨国超,刘静,廉鹏,芮萌. 减税激励、研发操纵与研发绩效 [J]. 经济研究,2017 (08):110 – 124.

[65] 杨继东,罗路宝. 产业政策、地区竞争与资源空间配置扭曲 [J]. 中国工业经济,2018 (12):5 – 22.

[66] 杨瑞龙,侯方宇. 产业政策的有效性边界——基于不完全契约的视角 [J]. 管理世界,2019 (10):82 – 94.

[67] 杨天宇,钟宇平. 中国银行业的集中度、竞争度与银行风险 [J]. 金融研究,2013 (01):122 – 134.

[68] 杨兴全,尹兴强,孟庆玺. 谁更趋多元化经营:产业政策扶持企业抑或非扶持企业? [J]. 经济研究,2018 (09):133 – 150.

[69] 余超,杨云红. 银行竞争、所有制歧视和企业生产率改善 [J]. 经济科学,2016 (02):81 – 92.

[70] 袁鹰. 我国银行业市场结构效应分析——兼论其对中小商业银行市场定位的影响 [J]. 财经研究,2000 (12):14 – 20.

[71] 张栋,杨兴全. 高管薪酬、内部差距与商业银行业绩 [J]. 中央财经大学学报,2015 (03):62 – 71.

[72] 张健华,王鹏,冯根福. 银行业结构与中国全要素生产率——基于商业银行分省数据和双向距离函数的再检验 [J]. 经

济研究, 2016 (11): 110 - 124.

[73] 张杰, 郑文平, 新夫. 中国的银行管制放松、结构性竞争和企业创新 [J]. 中国工业经济, 2017 (10): 118 - 136.

[74] 张磊. 中国转轨时期的货币非超中性和通货膨胀——兼论中国货币政策双重目标的体制根源 [J]. 金融研究, 2008 (12): 47 - 62.

[75] 张莉, 朱光顺, 李世刚, 李夏洋. 市场环境、重点产业政策与企业生产率差异 [J]. 管理世界, 2019 (03): 114 - 126.

[76] 张敏, 刘颛, 张雯. 关联贷款与商业银行的薪酬契约——基于我国商业银行的经验证据 [J]. 金融研究, 2012 (05): 108 - 122.

[77] 张强, 陶江, 吴敏. 中国商业银行网点布局绩效研究——基于主要商业银行的比较 [J]. 金融研究, 2012 (05): 123 - 135.

[78] 张娆, 路继业, 姬东骅. 产业政策能否促进企业风险承担? [J]. 会计研究, 2019 (07): 3 - 11.

[79] 张雪兰, 卢齐阳, 鲁臻. 银行高管薪酬与系统性风险——基于中国上市银行 (2007—2013) 的实证研究 [J]. 财贸经济, 2014 (11): 42 - 54.

[80] 郑志刚, 范建军. 国有商业银行公司治理机制的有效性评估 [J]. 金融研究, 2007 (06): 53 - 62.

[81] 周亚虹, 蒲余路, 陈诗一, 方芳. 政府扶持与新型产业发展——以新能源为例 [J]. 经济研究, 2015 (06): 147 - 161.

[82] 周振华. 产业政策分析的基本框架 [J]. 当代经济科学, 1990 (06): 26 - 32.

[83] 朱波, 杨文华, 刘聪瑞. 中国高管债权激励对银行风险的影响机制 [J]. 财经科学, 2017 (02): 1 - 11.

[84] 祝继高, 韩非池, 陆正飞. 产业政策、银行关联与企业

债务融资——基于 A 股上市公司的实证研究 [J]. 金融研究, 2015 (03): 176-191.

[85] 祝继高, 胡诗阳, 陆正飞. 商业银行从事影子银行业务的影响因素与经济后果——基于影子银行体系资金融出方的实证研究 [J]. 金融研究, 2016 (01): 66-82.

[86] 祝继高, 李天时, 尤可畅. 房地产价格波动与商业银行贷款损失准备——基于中国城市商业银行的实证研究 [J]. 金融研究, 2017 (09): 83-98.

[87] 祝继高, 李天时, 赵浩彤. 银行结构性竞争与企业投资效率——基于中国工业企业数据的实证研究 [J]. 财经研究, 2020 (03): 4-18.

[88] 祝继高, 陆峣, 岳衡. 银行关联董事能有效发挥监督职能吗?——基于产业政策的分析视角 [J]. 管理世界, 2015 (07): 143-157.

[89] 祝继高, 饶品贵, 鲍明明. 股权结构、信贷行为与银行绩效——基于我国城市商业银行数据的实证研究 [J]. 金融研究, 2012 (07): 48-62.

[90] 祝继高, 王春飞, 尤可畅. 审计师特征与商业银行贷款损失准备——基于中国城市商业银行的实证研究 [J]. 审计研究, 2015 (04): 105-112.

[91] Adams, R. B., Mehran H., Is corporate governance different for bank holding companies? [J]. Available at SSRN 387561, 2003, Working Paper.

[92] Ahmed, A. S., Takeda C., Thomas S., Bank loan loss provisions: a reexamination of capital management, earnings management and signaling effects [J]. Journal of Accounting and Economics, Vol. 28 (1), 1-25, 1999.

[93] Akhigbe, A., Whyte A. M., Changes in market assess-

ments of bank risk following the Riegle – Neal Act of 1994 [J]. Journal of Banking and Finance, Vol. 27 (1), 87 – 102, 2003.

[94] Akins, B., Li L., Ng J., Rusticus T. O., Bank competition and financial stability: evidence from the financial crisis [J]. Journal of Financial and Quantitative Analysis, Vol. 51 (1), 1 – 28, 2016.

[95] Allen, F., Gale D., Competition and financial stability [J]. Journal of Money, Credit and Banking, Vol. 36 (3), 453 – 480, 2004.

[96] Allen, F., Qian J., Qian M., Law, finance, and economic growth in China [J]. Journal of Financial Economics, Vol. 77 (1), 57 – 116, 2005.

[97] Altamuro, J., Beatty A., How does internal control regulation affect financial reporting? [J]. Journal of Accounting and Economics, Vol. 49 (1 – 2), 58 – 74, 2010.

[98] Amore, M. D., Schneider C., Zaldokas A., Credit supply and corporate innovation [J]. Journal of Financial Economics, Vol. 109 (3), 835 – 855, 2013.

[99] Beatty, A. L., Ke B., Petroni K. R., Earnings management to avoid earnings declines across publicly and privately held banks [J]. The Accounting Review, Vol. 77 (3), 547 – 570, 2002.

[100] Beatty, A., Liao S., Financial accounting in the banking industry: A review of the empirical literature [J]. Journal of Accounting and Economics, Vol. 58 (2 – 3), 339 – 383, 2014.

[101] Beaver, W., Eger C., Ryan S., Wolfson M., Financial reporting, supplemental disclosures, and bank share prices [J]. Journal of Accounting Research, Vol. 27 (2), 157 – 178, 1989.

[102] Beck, T., De Jonghe O., Schepens G., Bank competi-

tion and stability: Cross-country heterogeneity [J]. Journal of Financial Intermediation, Vol. 22 (2), 218-244, 2013.

[103] Beck, T., Demirgüç-Kunt A., Levine R., Bank concentration, competition, and crises: First results [J]. Journal of Banking and Finance, Vol. 30 (5), 1581-1603, 2006.

[104] Beck, T., Demirgüç-Kunt A., Maksimovic V., Bank competition and access to finance: International evidence [J]. Journal of Money, Credit and Banking, Vol. 36 (3), 627-648, 2004.

[105] Beck, T., Levine R., Levkov A., Big bad banks? The winners and losers from bank deregulation in the United States [J]. The Journal of Finance, Vol. 65 (5), 1637-1667, 2010.

[106] Benfratello, L., Schiantarelli F., Sembenelli A., Banks and innovation: Microeconometric evidence on Italian firms [J]. Journal of Financial Economics, Vol. 90 (2), 197-217, 2008.

[107] Bennett, R. L., Güntay L., Unal H., Inside debt, bank default risk, and performance during the crisis [J]. Journal of Financial Intermediation, Vol. 24 (4), 487-513, 2015.

[108] Berger, A. N., Demsetz R. S., Strahan P. E., The consolidation of the financial services industry: Causes, consequences, and implications for the future [J]. Journal of Banking and Finance, Vol. 23 (2-4), 135-194, 1999.

[109] Berger, A. N., Deyoung R., Technological progress and the geographic expansion of the banking industry [J]. Journal of Money, Credit, and Banking, Vol. 38 (6), 1483-1513, 2006.

[110] Berger, A. N., Hannan T. H., The price-concentration relationship in banking [J]. The Review of Economics and Statistics, Vol. 71 (2), 291-299, 1989.

[111] Berger, A. N., Klapper L. F., Turk-Ariss R., Bank

competition and financial stability [J]. Journal of Financial Services Research, Vol. 35 (2), 99 – 118, 2009.

[112] Besanko, D., Thakor A. V., Banking deregulation: Allocational consequences of relaxing entry barriers [J]. Journal of Banking and Finance, Vol. 16 (5), 909 – 932, 1992.

[113] Bhat, G., Ryan S. G., Vyas D., The implications of credit risk modeling for banks' loan loss provisions and loan – origination procyclicality [J]. Management Science, Vol. 65 (5), 2116 – 2141, 2019.

[114] Bikker, J. A., Haaf K., Competition, concentration and their relationship: An empirical analysis of the banking industry [J]. Journal of Banking and Finance, Vol. 26 (11), 2191 – 2214, 2002.

[115] Black, S. E., Strahan P. E., Entrepreneurship and bank credit availability [J]. The Journal of Finance, Vol. 57 (6), 2807 – 2833, 2002.

[116] Black, S. E., Strahan P. E., The division of spoils: rent – sharing and discrimination in a regulated industry [J]. American Economic Review, Vol. 91 (4), 814 – 831, 2001.

[117] Boyd, J. H., De Nicolo G., The theory of bank risk taking and competition revisited [J]. The Journal of Finance, Vol. 60 (3), 1329 – 1343, 2005.

[118] Brickley, J. A., Linck J. S., Smith Jr C. W., Boundaries of the firm: evidence from the banking industry [J]. Journal of Financial Economics, Vol. 70 (3), 351 – 383, 2003.

[119] Broecker, T., Credit – worthiness tests and interbank competition [J]. Econometrica: Journal of the Econometric Society, Vol. 58 (2), 429 – 452, 1990.

[120] Bushman, R. M., Transparency, accounting discretion,

and bank stability [J]. Economic Policy Review, Issue Aug, Vol. (Aug), 129 – 149, 2016.

[121] Bushman, R. M., Thoughts on financial accounting and the banking industry [J]. Journal of Accounting and Economics, Vol. 58 (2 – 3), 384 – 395, 2014.

[122] Bushman, R. M., Hendricks B. E., Williams C. D., Bank competition: Measurement, decision – making, and risk – taking [J]. Journal of Accounting Research, Vol. 54 (3), 777 – 826, 2016.

[123] Bushman, R. M., Williams C. D., Accounting discretion, loan loss provisioning, and discipline of banks' risk – taking [J]. Journal of Accounting and Economics, Vol. 54 (1), 1 – 18, 2012.

[124] Bushman, R. M., Williams C. D., Delayed expected loss recognition and the risk profile of banks [J]. Journal of Accounting Research, Vol. 53 (3), 511 – 553, 2015.

[125] Carbo – Valverde, S., Rodriguez – Fernandez F., Udell G. F., Bank market power and SME financing constraints [J]. Review of Finance, Vol. 13 (2), 309 – 340, 2009.

[126] Carlin, W., Mayer C., Finance, investment, and growth [J]. Journal of Financial Economics, Vol. 69 (1), 191 – 226, 2003.

[127] Cetorelli, N., Gambera M., Banking market structure, financial dependence and growth: International evidence from industry data [J]. The Journal of Finance, Vol. 56 (2), 617 – 648, 2001.

[128] Cetorelli, N., Peretto P. F., Credit quantity and credit quality: Bank competition and capital accumulation [J]. Journal of Economic Theory, Vol. 147 (3), 967 – 998, 2012.

[129] Cetorelli, N., Strahan P. E., Finance as a barrier to entry: Bank competition and industry structure in local US markets [J]. The Journal of Finance, Vol. 61 (1), 437 – 461, 2006.

[130] Chava, S., Oettl A., Subramanian A., Subramanian K. V., Banking deregulation and innovation [J]. Journal of Financial Economics, Vol. 109 (3), 759 – 774, 2013.

[131] Chen, C. R., Steiner T. L., Whyte A. M., Does stock option – based executive compensation induce risk – taking? An analysis of the banking industry [J]. Journal of Banking and Finance, Vol. 30 (3), 915 – 945, 2006.

[132] Chen, D., Li O. Z., Xin F., Five – year plans, China finance and their consequences [J]. China Journal of Accounting Research, Vol. 10 (3), 189 – 230, 2017.

[133] Chong, T. T., Lu L., Ongena S., Does banking competition alleviate or worsen credit constraints faced by small – and medium – sized enterprises? Evidence from China [J]. Journal of Banking and Finance, Vol. 37 (9), 3412 – 3424, 2013.

[134] Claessens, S., Laeven L., What drives bank competition? Some international evidence [J]. The World Bank, 2003, Working Paper.

[135] Claessens, S., Laeven L., Financial dependence, banking sector competition, and economic growth [J]. Journal of the European Economic Association, Vol. 3 (1), 179 – 207, 2005.

[136] Cornaggia, J., Mao Y., Tian X., Wolfe B., Does banking competition affect innovation? [J]. Journal of Financial Economics, Vol. 115 (1), 189 – 209, 2015.

[137] Corvoisier, S., Gropp R., Bank concentration and retail interest rates [J]. Journal of Banking and Finance, Vol. 26 (11), 2155 – 2189, 2002.

[138] De Guevara, J. F., Maudos J., Banking competition and economic growth: cross – country evidence [J]. The European Journal

of Finance, Vol. 17 (8), 739 – 764, 2011.

[139] Deangelo, L. E., Auditor size and audit quality [J]. Journal of Accounting and Economics, Vol. 3 (3), 183 – 199, 1981.

[140] Degryse, H., Ongena S., Distance, lending relationships, and competition [J]. The Journal of Finance, Vol. 60 (1), 231 – 266, 2005.

[141] Dell' Ariccia, G., Marquez R., Lending booms and lending standards [J]. The Journal of Finance, Vol. 61 (5), 2511 – 2546, 2006.

[142] Demirguc – Kunt, A., Laeven L., Levine R., The impact of bank regulations, concentration, and institutions on bank margins [J]. The World Bank, 2003, Working Paper.

[143] Demsetz, R. S., Strahan P. E., Diversification, size, and risk at bank holding companies [J]. Journal of Money, Credit, and Banking, Vol. 29 (3), 300 – 313, 1997.

[144] Demyanyk, Y., Ostergaard C., Sørensen B. E., US banking deregulation, small businesses, and interstate insurance of personal income [J]. The Journal of Finance, Vol. 62 (6), 2763 – 2801, 2007.

[145] Deng, S., Elyasiani E., Geographic diversification, bank holding company value, and risk [J]. Journal of Money, Credit and Banking, Vol. 40 (6), 1217 – 1238, 2008.

[146] Dichev, I. D., Graham J. R., Harvey C. R., Rajgopal S., Earnings quality: Evidence from the field [J]. Journal of Accounting and Economics, Vol. 56 (2 – 3), 1 – 33, 2013.

[147] Dou, Y., Ryan S. G., Zou Y., The effect of credit competition on banks' loan – loss provisions [J]. Journal of Financial and Quantitative Analysis, Vol. 53 (3), 1195 – 1226, 2018.

[148] Duchin, R., Sosyura D., Safer ratios, riskier portfolios: Banks' response to government aid [J]. Journal of Financial Economics, Vol. 113 (1), 1 – 28, 2014.

[149] Edmans, A., Liu Q., Inside debt [J]. Review of Finance, Vol. 15 (1), 75 – 102, 2010.

[150] Elliott, J. A., Hanna J. D., Shaw W. H., The evaluation by the financial markets of changes in bank loan loss reserve levels [J]. The Accounting Review, Vol. 66 (4), 847 – 861, 1991.

[151] Fahlenbrach, R., Stulz R. M., Managerial ownership dynamics and firm value [J]. Journal of Financial Economics, Vol. 92 (3), 342 – 361, 2009.

[152] Flannery, M. J., Capital regulation and insured banks choice of individual loan default risks [J]. Journal of Monetary Economics, Vol. 24 (2), 235 – 258, 1989.

[153] Fu, X. M., Lin Y. R., Molyneux P., Bank competition and financial stability in Asia Pacific [J]. Journal of Banking and Finance, Vol. 38, 64 – 77, 2014.

[154] Fungáčová, Z., Shamshur A., Weill L., Does bank competition reduce cost of credit? Cross – country evidence from Europe [J]. Journal of Banking and Finance, Vol. 83, 104 – 120, 2017.

[155] Gennaioli, N., Shleifer A., Vishny R., Neglected risks, financial innovation, and financial fragility [J]. Journal of Financial Economics, Vol. 104 (3), 452 – 468, 2012.

[156] Gennaioli, N., Shleifer A., Vishny R. W., A model of shadow banking [J]. The Journal of Finance, Vol. 68 (4), 1331 – 1363, 2013.

[157] Graham, J. R., Harvey C. R., Rajgopal S., The economic implications of corporate financial reporting [J]. Journal of Ac-

counting and Economics, Vol. 40 (1 – 3), 3 – 73, 2005.

[158] Griffin, P. A., Wallach S. J., Latin American lending by major US banks: The effects of disclosures about nonaccrual loans and loan loss provisions [J]. The Accounting Review, Vol. 66 (4), 830 – 846, 1991.

[159] Guay, W. R., The sensitivity of CEO wealth to equity risk: an analysis of the magnitude and determinants [J]. Journal of Financial Economics, Vol. 53 (1), 43 – 71, 1999.

[160] Guzman, M. G., Bank structure, capital accumulation and growth: a simple macroeconomic model [J]. Economic Theory, Vol. 16 (2), 421 – 455, 2000.

[161] Hardy, D. C., Regulatory capture in banking [J]. International Monetary Fund, 2006, Working Paper.

[162] Hauswald, R., Marquez R., Competition and strategic information acquisition in credit markets [J]. The Review of Financial Studies, Vol. 19 (3), 967 – 1000, 2006.

[163] Huang, R. R., Evaluating the real effect of bank branching deregulation: Comparing contiguous counties across US state borders [J]. Journal of Financial Economics, Vol. 87 (3), 678 – 705, 2008.

[164] Hughes, J. P., Lang W., Mester L. J., Moon C., Efficient banking under interstate branching [J]. Journal of Money, Credit and Banking, Vol. 28 (4), 1045 – 1071, 1996.

[165] Jackson, W. E., The price – concentration relationship in banking: A comment [J]. The Review of Economics and Statistics, Vol. 74 (2), 373 – 376, 1992.

[166] Jayaratne, J., Strahan P. E., The finance – growth nexus: Evidence from bank branch deregulation [J]. The Quarterly Journal of Economics, Vol. 111 (3), 639 – 670, 1996.

[167] Jayaratne, J., Strahan P. E., Entry restrictions, industry evolution, and dynamic efficiency: Evidence from commercial banking [J]. The Journal of Law and Economics, Vol. 41 (1), 239 – 274, 1998.

[168] Jiang, F., Jiang Z., Huang J., Kim K. A., Nofsinger J. R., Bank competition and leverage adjustments [J]. Financial Management, Vol. 46 (4), 995 – 1022, 2017.

[169] Jiang, L., Levine R., Lin C., Competition and bank opacity [J]. The Review of Financial Studies, Vol. 29 (7), 1911 – 1942, 2016.

[170] John, K., Mehran H., Qian Y., Outside monitoring and CEO compensation in the banking industry [J]. Journal of Corporate Finance, Vol. 16 (4), 383 – 399, 2010.

[171] John, K., Qian Y., Incentive features in CEO compensation in the banking industry [J]. Economic Policy Review, Vol. 9 (1), 2003.

[172] Kanagaretnam, K., Lim C. Y., Lobo G. J., Effects of international institutional factors on earnings quality of banks [J]. Journal of Banking and Finance, Vol. 39, 87 – 106, 2014.

[173] Kim, M., Kross W., The impact of the 1989 change in bank capital standards on loan loss provisions and loan write – offs [J]. Journal of Accounting and Economics, Vol. 25 (1), 69 – 99, 1998.

[174] Leventis, S., Dimitropoulos P. E., Anandarajan A., Loan loss provisions, earnings management and capital management under IFRS: The case of EU commercial banks [J]. Journal of Financial Services Research, Vol. 40 (1 – 2), 103 – 122, 2011.

[175] Levine, R., The corporate governance of banks: A concise discussion of concepts and evidence [J]. The World Bank,

2004, Working Paper.

[176] Liu, H., Molyneux P., Nguyen L. H., Competition and risk in South East Asian commercial banking [J]. Applied Economics, Vol. 44 (28), 3627 – 3644, 2012.

[177] Love, I., Martínez Pería M. S., How bank competition affects firms' access to finance [J]. The World Bank Economic Review, Vol. 29 (3), 413 – 448, 2014.

[178] Marquez, R., Competition, adverse selection, and information dispersion in the banking industry [J]. The Review of Financial Studies, Vol. 15 (3), 901 – 926, 2002.

[179] Mishkin, F. S., Financial consolidation: Dangers and opportunities [J]. Journal of Banking and Finance, Vol. 23 (2 – 4), 675 – 691, 1999.

[180] Morgan, D. P., Rime B., Strahan P. E., Bank integration and state business cycles [J]. The Quarterly Journal of Economics, Vol. 119 (4), 1555 – 1584, 2004.

[181] Nijskens, R., Wagner W., Credit risk transfer activities and systemic risk: How banks became less risky individually but posed greater risks to the financial system at the same time [J]. Journal of Banking and Finance, Vol. 35 (6), 1391 – 1398, 2011.

[182] Ogura, Y., Learning from a rival bank and lending boom [J]. Journal of Financial Intermediation, Vol. 15 (4), 535 – 555, 2006.

[183] Paravisini, D., Local bank financial constraints and firm access to external finance [J]. The Journal of Finance, Vol. 63 (5), 2161 – 2193, 2008.

[184] Perera, S., Skully M., Wickramanayake J., Bank market concentration and interest spreads: South Asian evidence [J]. In-

ternational Journal of Emerging Markets, Vol. 5 (1), 23 -37, 2010.

[185] Petersen, M. A., Estimating standard errors in finance panel data sets: Comparing approaches [J]. The Review of Financial Studies, Vol. 22 (1), 435 -480, 2009.

[186] Petersen, M. A., Rajan R. G., The effect of credit market competition on lending relationships [J]. The Quarterly Journal of Economics, Vol. 110 (2), 407 -443, 1995.

[187] Ratti, R. A., Lee S., Seol Y., Bank concentration and financial constraints on firm - level investment in Europe [J]. Journal of Banking and Finance, Vol. 32 (12), 2684 -2694, 2008.

[188] Rice, T., Strahan P. E., Does credit competition affect small - firm finance? [J]. The Journal of Finance, Vol. 65 (3), 861 -889, 2010.

[189] Robinson, J. A., Industrial policy and development: A political economy perspective [J]. 2009, Working Paper.

[190] Ryan, R. M., O Toole C. M., Mccann F., Does bank market power affect SME financing constraints? [J]. Journal of Banking and Finance, Vol. 49, 495 -505, 2014.

[191] Ryan, S. G., Tucker J. W., Zarowin P. A., Classification and market pricing of the cash flows and accruals on trading positions [J]. The Accounting Review, Vol. 81 (2), 443 -472, 2006.

[192] Sapienza, P., The effects of banking mergers on loan contracts [J]. The Journal of Finance, Vol. 57 (1), 329 -367, 2002.

[193] Sharpe, S. A., Asymmetric information, bank lending, and implicit contracts: A stylized model of customer relationships [J]. The Journal of Finance, Vol. 45 (4), 1069 -1087, 1990.

[194] Shepherd, W. G., Tobin's q and the Structure - performance Relationship: Comment [J]. The American Economic Review,

Vol. 76 (5), 1205 – 1210, 1986.

[195] Stiroh, K. J., Strahan P. E., Competitive dynamics of deregulation: Evidence from US banking [J]. Journal of Money, Credit, and Banking, Vol. 35 (5), 801 – 828, 2003.

[196] Sundaram, R. K., Yermack D. L., Pay me later: Inside debt and its role in managerial compensation [J]. The Journal of Finance, Vol. 62 (4), 1551 – 1588, 2007.

[197] Tung, F., Wang X., Bank CEOs, inside debt compensation, and the global financial crisis [J]. 2012, Working Paper.

[198] Van Bekkum, S., Inside debt and bank risk [J]. Journal of Financial and Quantitative Analysis, Vol. 51 (2), 359 – 385, 2016.

[199] Van Tassel, E., Relationship lending under asymmetric information: A case of blocked entry [J]. International Journal of Industrial Organization, Vol. 24 (5), 915 – 929, 2006.